DIANA PARIS

MUJERES SIN HIJOS

El árbol genealógico guarda razones
que la biología (des)conoce

París, Diana

   Mujeres sin hijos : el árbol genealógico guarda razones que la biología (des)conoce / Diana París. - 1a ed - Ciudad Autónoma de Buenos Aires : Del Nuevo Extremo, 2024.

   232 p. ; 23 x 15 cm.

ISBN 978-987-609-840-3

1. Superación Personal. 2. Maternidad. I. Título.

CDD 158.1

Charlone 1351 - CABA
Tel / Fax (54 11) 4552-1115 / 4551-9445
e-mail: info@dnxlibros.com
www.dnxlibros.com

Edición: Claudia Hartfiel
Diseño de tapa: Wolfcode
Corrección: Mónica Piacentini
Diseño interior: Dumas Bookmakers

Primera edición: marzo de 2024

ISBN 978-987-609-840-3

A mi mamá.

In Memoriam.

Gratia plena, a cada consultante.

A mi vocación por escuchar la escucha del paciente.

A las colegas que leyeron el primer original y escribieron generosamente los prólogos: Carolina Sujoy y Mariana Osorio Gumá.

A Alejandro, compañero inigualable y amoroso, que me brinda un tesoro tan valioso para mí: el tiempo de la escritura...

ÍNDICE

Quien vive por vivir sólo,
sin buscar más altos fines,
de lo viviente se precia,
de lo racional se exime,

y aun de la vida no goza,
pues si bien llega a advertirse,
el que vive lo que sabe
sólo sabe lo que vive.

Sor Juana Inés de la Cruz

El acto de conciencia consiste en que podemos decidir seguir la norma o infringirla: procrear o negarnos a ello. Esa es la responsabilidad de la que hablo. Hemos de ser conscientes de lo que significa poner un hijo al mundo. Dejar de procrear es rebelarse. Es un NO a la continuidad del artefacto.

Chantal Maillard

Lo que me consta, por experiencia propia y porque lo he visto en otras personas, es que el hecho de ser madre no es la experiencia esencial y constitutiva de la existencia femenina.

Rosa Montero

Quizás estás buscando por entre las ramas lo que solo aparece en las raíces.

Rumi

PRÓLOGOS

La decisión y el deseo

Si el prólogo es aquello que viene antes de la expresión o discurso de un libro, espero realmente que mi escrito se encuentre a la altura del libro de Diana Paris. Cuando ella me invitó a asumir la tarea de hacer el prólogo de su nuevo libro/hijo –como a ella le gusta llamarlo–, sentí un honor indescriptible y mucha gratitud.

Debo reconocer que imaginé que escribir las palabras que inauguran un texto sería una asignación más sencilla. Sin embargo, conlleva gran responsabilidad y compromiso.

Utilizando la metáfora que enlaza las letras de todo el texto, lo sentí parecido a la responsabilidad de cuidar a un recién nacido mientras su madre utiliza unos minutos para tomar un baño, una siesta, o simplemente pasear por el parque. Arropar a ese recién nacido implica dedicación, entrega, disponibilidad y mucha ternura. Hacer "cuenco", hacer "nido" –en palabras de Diana– a ese bebé y sostenerlo de una manera lo suficientemente buena (al decir de Winnicott) para que pueda sostener psicobiológica y emocionalmente ese tiempo que la ausencia de su madre nos implica.

Por lo tanto, siguiendo esta línea de pensamiento, la maternidad se encuentra tanto ligada a una implicación que compromete como a la disponibilidad que es necesaria, porque adviene un cambio emocional y un cambio de lugar para el que hay que estar preparado.

Compartimos con Diana varias pasiones, entre ellas, lo transgeneracional, el psicoanálisis, lo perinatal y los interrogantes disruptivos e incómodos que nos llevan a re-pensarnos de una y mil maneras a la vez como personas, profesionales y mujeres. Me atrevo a nombrar todos estos espacios y saberes desde lo indeterminado del artículo "lo" porque creo que incluye más de lo que uno podría pensar como abarcable y entrelaza distintos saberes entre los que se construye la vida, la realidad y nuestra práctica profesional como analistas.

Para quien aún no la conoce, Diana Paris es una gran profesional, muy estudiosa, curiosa e investigadora, gran lectora y a la vez portadora de un estilo provocativo y disruptivo. Ella expone aquellos interrogantes que muchos otros prefieren ocultar, y en ese accionar, incomoda y mueve a la pregunta personal y colectiva. Su lectura nos conmueve y en ese acto nos invita a interpelarnos. Ella promueve el pensar desde distintos sombreros, frente a lo que la convoca e interroga.

Hablemos de las mujeres sin hijos... ¿Hay mujeres sin hijos? ¿Existen? ¿Existe esto como posibilidad para una cultura que trata de transmitir de otro modo? ¿Existe esa categoría en nuestra cultura? ¿Cómo nombra la cultura a las mujeres sin hijos?

¿Será que la cultura siente/piensa que el deseo debe ser algo irracional e irresponsable? ¿Será que piensa/siente que todas las mujeres desean ser madres? ¿No es esa acaso una respuesta desde la lógica universal a una pregunta que debiera responderse desde la lógica personal de cada persona?

¿Qué es maternar? Si uno buscase el significado de la palabra maternar, se anoticiaría de que el verbo en sí es relativamente nuevo y no se encuentra en los diccionarios. ¿Se puede maternar sin tener hijos? ¿Qué impacto tiene nuestra propia historia perinatal en nuestras vidas y en nuestras decisiones sobre maternar o no? Y la historia de las generaciones anteriores, ¿cómo influye todo esto en nuestra libertad y en nuestra decisión de estar o no disponibles para gestar?

Diana arma un diálogo exquisito entre sus libros en donde propone revisar la luz de conciencia que hay sobre la decisión y el deseo de aquellas mujeres que advienen madres. Subrayo "decisión" y "deseo" y el hecho de "advenir", es decir, pasar de un estado a otro.

¿Cuándo hay deseo? ¿Cuándo hay mandato? ¿Hay claridad respecto de la lealtad que se tiene en un caso o en otro en relación con el clan y el árbol genealógico? ¿Hay libertad de elección?

No hay una respuesta universal sobre qué es ser mujer ni sobre qué es ser madre. La respuesta a esa pregunta se basa en la lógica personal e individual que es la lógica del inconsciente en constante diálogo entre el inconsciente personal, el colectivo y el transgeneracional. El abordaje que realiza Diana, acompañado de casos clínicos, permite visualizar que hay momentos en los que algo de este diálogo se manifiesta y da lugar a nuevas producciones.

Espero que esta obra maravillosa nos permita continuar construyendo distintos espacios para seguir pensando el deseo, las feminidades, las maternidades y los distintos modos de ser y sentir en el mundo.

Lic. Carolina Sujoy
España, abril de 2023

Un libro maternante

Mi abuela materna demoró varios años en embarazarse y lo consiguió a una edad que, para la época, se consideraba "vieja". La noticia de ese evento me llegó envuelta en los restos de su sufrimiento: para ella fueron años de zozobra, en los que se ponía en entredicho su ser entero –ser madre era el gran proyecto en la vida de una mujer–. Años de desgaste emocional que tocaron fin cuando, después de más de un lustro, logró concretarse el tan anhelado deseo en la forma de una hermosa bebita, quien apenas veinte años más tarde –como si la tardanza de su llegada al mundo se transformara en ella en apuro– se convertiría en mi madre.

No hay duda alguna de que, como una colorida Matrushka, "cada hija contiene a su madre y a todas las mujeres que la precedieron". Esa misma abuela, en mi adolescencia, solía decirme: "mijita, hijos aunque sean malhabidos". Con esa palabra se refería a hijos fuera del matrimonio, y sospecho que quería garantizar la continuidad del mandato de maternar, como una suerte de don supremo que aseguraría su propia trascendencia y mi valor en el mundo. Y más allá de ello, ese mismo dicho también se tradujo, casualmente, en que su propia hija, mi madre, se casara con un hombre cuyo origen como hijo natural –es decir, fuera de un enlace legitimado– se jugó de manera inconsciente en su elección de pareja.

Citando a la propia Diana Paris, diría que en la lógica transgeneracional gobernó "tanto la elección de pareja como su ruptura", dado que algunas décadas después la separación entre mis padres se hizo realidad, en el fondo, por los mismos motivos por los que se unieron.

Pero volviendo a esa abuela materna y siguiendo la propuesta reflexiva de este libro, fruto de una rotunda experiencia de la autora en el tema, me he preguntado qué se le jugó a mi abuela en esa dificultad para embarazarse. ¿De verdad deseaba un hijo, o ese supuesto deseo respondía más bien al mandato de maternar, que ella acataba con obediencia consciente, mientras su inconsciente expresaba lo contrario a través de su cuerpo?

Esta digresión por mi propia biografía transgeneracional anuncia el hilo de Ariadna que atraviesa, de principio a fin, el libro Mujeres sin hijos: una de las premisas centrales de la teoría psicoanalítica, que señala de qué modo eventos traumáticos ocurridos en generaciones anteriores, básicamente aquellos velados y, por lo tanto, no elaborados, llegan a impactar, de forma inconsciente, en las generaciones posteriores.

A lo largo de mi práctica como psicoanalista me ha tocado acompañar a mujeres que llegan a mi consulta después de parir y, lamentablemente, motivadas por la ambivalencia generada al vivir el maternaje con una importante cuota de agobio. Más de una me ha llegado a decir: "de haber sabido lo que iba a significarme, no lo hubiera tenido (al hijo)". Un cuestionamiento que llega –como suele pasar– a destiempo y no sin consecuencias importantes para la crianza, a varios niveles. Afortunadamente, la actualidad abre vías para interrogar el mandato de ser madre, discutiendo que sea la manera exclusiva de trascendencia para las mujeres.

Desde su enorme experiencia en los estudios sobre perinatalidad, la autora se adentra en un tema absolutamente apasionante: los intercambios intrauterinos entre la madre y el bebé que van más allá de lo alimenticio, pues suelen inscribirse en el sustento emocional de la gestante.

Diana Paris anuncia, al principio del texto, que este libro es como un hijo para ella, aportando la idea de que la gestación, la preñez y el parto –en síntesis: la creación– se pueden dar en diversas dimensiones de la existencia, aparecer de formas variadas. Y si bien para ella este ha sido un libro-hijo, como sus libros anteriores, para mí –y estoy bastante convencida de que los lectores y lectoras coincidirán conmigo–, ha sido una suerte de libro-maternante. Al leerlo, una se siente reconocida, acogida, arropada, interpelada con suavidad pero con determinación, en cuanto a las propias vicisitudes de ser mujer, ser madre, hija, nieta, pareja.

Puedo decir, sin temor a equivocarme, que Diana es partera de historias transgeneracionales, con ella se pueden gestar transformaciones y, quizás desde ahí, dar nacimiento a un nuevo ser.

Lic. Mariana Osorio Gumá
México, abril 2023

INTRODUCCIÓN

Amor y libertad, eso es ser una buena madre.

Sagrada Familia[1]

Este libro es para mí –como los anteriores que he escrito– un hijo.

Siento que se puede maternar sin parir biológicamente.

Lo de "amor y libertad" del epígrafe lo tomo como consigna en mi vida. Lo de "UNA buena madre" lo pongo en cuestión. ¿Una?, ¿quién puede afirmar que madre hay una sola? ¿Buena?, ¿cómo se mide el parámetro de "buena", "suficientemente buena" o "no tan buena"?

Planteo la necesidad de revisar la libertad de elegir entre tener y no tener hijos. Sé que este lujo me lo puedo permitir en el contexto actual. Digamos que desde los años '70, junto con la popularización de la píldora, el escenario histórico viene "permitiendo" esta revisión. Sin embargo, todavía hoy la decisión es contracultural. No imagino a mis abuelas, o a las mujeres de finales del siglo XIX conversando de este tema con total libertad: "chicas, hablando de todo un poco, les pregunto: ¿podemos no sucumbir al imperativo de procrear?". Parece una escena poco verosímil... No digo que no lo pensaran, digo que no estaba habilitada la diferencia a la expectativa social. Somos parte del tiempo que nos toca vivir. Esta discusión puede darse hoy porque hubo antes mujeres que se animaron a exponerse, rebelarse, diferenciarse de lo establecido, hacerse preguntas sobre la "esencia" femenina y otros instintos varios. Mucho se viene discutiendo hace ya unos años sobre el tema, mi planteo –si algo de novedad aporta– es revisarlo desde los estudios del transgeneracional.

En la actualidad, algunas de las preguntas sobre el ejercicio de esa libertad –elegir ser madre– siguen vigentes y las respuestas no son siempre

---

1 Serie de televisión web española creada por Manolo Caro, https://www.netflix.com/title/81435203

recibidas de manera amorosa, empática o respetuosa. Todavía una parte del sistema cuestiona a esas "distintas" con interrogantes como: "¿por qué aún no tienes hijos?". Y se hace inquisitoriamente, con absoluta impunidad.

El otro lado de la luna, paradójicamente, muestra tanto los consultorios médicos especializados en fertilización asistida como las sesiones psicológicas con más mujeres estresadas/censuradas al extremo de alcanzar estados de duelo patológico por no conseguir el "deseado" embarazo, o por no animarse a decir con todas las letras: "NO, hijos no".

Desmontar esta contradicción social y personal urge. Estos debates están sucediendo hoy. Más o menos tímidamente se alzan voces que desobedecen lo establecido. Pero la Historia nos ha mostrado personajes disruptivos en todos los tiempos. La bioética, la antropología, el feminismo, los estudios de género y los especializados en salud perinatal, la sociología y el transgeneracional son algunas de las disciplinas que se plantean que no todo es tan verdadero como nos contaron que debía ser, de una vez y para siempre.

Luego de mis libros anteriores, *Secretos familiares* y *Mandatos familiares*, siento que *Mujeres sin hijos* viene a completar una serie que aborda los complejos temas en torno al origen, las circunstancias de la natalidad, la exigencia del sistema, las presiones políticas/de género que rodean a las mujeres, desde que somos niñas. Las opciones siguen siendo monolíticas al servicio del Estado. Sin embargo, las invito a que podamos hacernos nuevas preguntas.

Tres mujeres

Anticipemos, pues, algunas respuestas, apoyándonos –como siempre hago– en la "madre de todas las Ciencias", la Literatura.

La escritora estadounidense Sylvia Plath (1932-1963) leía para la radio BBC en Londres, unos meses antes de su muerte, el poema a tres voces llamado: *Tres mujeres*,[2] y daba texto a nuestras más íntimas pesadillas. Efectivamente, el extenso poema oral es la puerta a una galería que recorre los

---

2 Plath, Sylvia (2020). *Tres mujeres*. Nórdica. Madrid.

surcos menos explorados de eso que entendemos como el lugar intrínseco de la mujer: la maternidad.

Se inicia con una locación a modo de teatro, que ambienta la escena para el oyente: "Escenario: un hospital de maternidad y sus alrededores". Y desde ahí hablan ellas. Mediante el desdoblamiento de Plath en las voces de tres personajes femeninos accedemos a tres perspectivas acerca de sus emociones sobre la relación mujer-hijo.

Una de ellas reboza de ternura ante el parto y se asombra del poder transformador ocurrido en su cuerpo y de su capacidad de dar ese fruto: "¿Qué hacían mis dedos antes de tenerle?/¿Qué hacía mi corazón con este amor?".

Otra, en cambio, más cerca del personaje lorquiano de *Yerma*, sufre su infertilidad con temor a ser abandonada por su pareja y afronta la depresión por este fracaso de mujer: "Soy acusada. Sueño masacres./Soy un jardín de agonías rojas y negras./Las bebo/, odiándome a mí misma, odiándome y temiéndome".

La tercera lamenta su estado de gestante, pero decide asumir el embarazo, a pesar de no desear ser madre: "No estaba preparada./No sentía respeto./Creí que podía negar las consecuencias,/pero ya es tarde para eso. Era demasiado tarde...".

Considero que en estas categorías sigue faltando una voz: la de aquellas que eligen NO ser madres. Elegir es optar, decidir, tomar las riendas de los propios actos. Es la cuarta pata de esta gran mesa en la cual toda la sociedad se sienta a opinar, dictaminar, aprobar, prohibir, calificar, señalar y ordenar; una mesa donde se sirve –como un plato exquisito– el cuerpo de las mujeres. Y las mujeres, biológicamente hablando, somos –aparentemente– todas iguales, pero somos muy diferentes en nuestros deseos, en nuestros proyectos; la fisiología anatómica no nos determina, aunque el uso político de los cuerpos condicione nuestra funcionalidad.

Esquematizando:

1. Están las mujeres que quieren ser madres: ¡bienvenido sea el deseo! Disfrutan de la maternidad y son madres felices que crían hijos felices. Las llamo "madres por vocación", enamoradas del proyecto, realizadas en su misión, que viven afortunadamente su ejercicio

de la maternidad como coronación a la descendencia, a sí mismas y a la pareja.

2. Están las mujeres que son madres sin cuestionarse otra alternativa como trayectoria vital. Podemos subdividir esta entrada en dos conductas:

Las que NO tomaron conciencia y de todos modos afrontan esa experiencia; pueden llegar al arrepentimiento o tener conductas tóxicas. Sus vidas suelen ser grises y sus hijos suelen padecer severas consecuencias, tanto por la insatisfacción materna como por las fallas en el apego amoroso.

Y las mujeres obedientes al mandato, las que creen que deben ser madres, las que tienen hijos por cumplir la exigencia socio-política-familiar. La vida aparece como un camino en el cual hay que sortear cada día un obstáculo nuevo. Viven dejándose parasitar la voluntad y el deseo. Naturalizan la desmotivación. No se cuestionan otra alternativa. También sus hijos padecerán los coletazos de una maternidad sin vocación.

3. Están las mujeres que, deseando gestar y parir, ven frustrados sus anhelos cuando la concepción se niega y, a pesar de las búsquedas, el embarazo no se logra. Con este grupo humano hay mucho para indagar. Me centraré en las causas transgeneracionales que superan los diagnósticos médicos de "infertilidad": allí haremos foco.

4. Y, por último, estamos las mujeres que elegimos A CONCIENCIA NO TENER HIJOS. Aquí vale la pena distinguir entre "deseo de no ser madre" y "NO deseo de ser madre". Atención porque no es lo mismo: cuando decimos NO DESEO de ser madre, entendemos que la maternidad no es un contenido que se encuentra en el Ideal del Yo (según Freud: narcisismo, trascendencia, legado).

Tenemos otros proyectos vitales investidos para alcanzar realizaciones personales, de igual trascendencia que un hijo biológico. No somos ni egoístas ni pobrecitas (dos gafas con las que suelen mirarnos las "mujeres obedientes" y la sociedad en general). No nos sentimos convocadas a la tarea que supone la maternidad, ni por ello nos percibimos minusválidas sociales. También en este grupo haremos foco.

En este libro acompañaré a las mujeres en sus frustradas búsquedas de tener hijos, partiendo de una premisa de la psico-bio-educación: la necesidad de sentir "limpiadas" (revisadas, sanadas, puestas en conciencia) las memorias transgeneracionales para alcanzar con claridad plena ese momento en el cual decidimos si queremos o no queremos ser madres. Observaremos desde la maravillosa plataforma que ofrece la indagación transgeneracional para hallar los motivos ocultos detrás del impedimento, y navegaremos diferentes situaciones fantasmáticas que se juegan cuando el cuerpo dice NO.

Y también voy a expresar mi postura sin vueltas –aunque corra el riesgo de ser políticamente incorrecta–: "A cualquier precio, NO".

Apuntes embarazosos sobre la maternidad

Cuando una mujer tiene ambiciones y recursos para satisfacerlas, se ve infinitamente menos tentada que las demás a invertir su tiempo y su energía en la crianza de sus hijos.
Elisabeth Badinter

Merece la pena aclarar dos puntos fundamentales de la propuesta para delimitar el campo de posibles debates, "estériles", a la vista del recorte de la investigación que persigo en estas páginas:

1) Como se advierte desde el comienzo, no uso el ponderado inclusivo (por respeto a la lengua y porque –desde mi perspectiva filosófica– "incluir" va más allá de la deformación del lenguaje): cuando digo "hijo", digo "hijo" e "hija". Si me refiriera a una niña diría puntualmente "hija", de lo contrario, asumo el uso general y resigno el lenguaje supuestamente inclusivo políticamente indicado hoy como "perfecto", es decir: elijo no usar @, ni x, ni la letra

e, que dificulta la comprensión y no incluye más que problemas lingüísticos.

2) Me veo obligada a aclararlo porque, aunque como expreso en el punto anterior, no sigo el canon lingüístico de moda, sí entiendo la diversidad de género de manera no-binaria para formar una pareja; no obstante, en este libro me centraré en la pareja heterosexual, en su búsqueda de comprensión cuando el deseo de concepción no se consigue, y me enfocaré en las causas de la angustia a la que se ven sometidas las personas con deseos de mapaternar biológicamente, sin conseguirlo.

Muchos otros estudios investigan sobre diversidad de género y nuevos modos de armar familias (ensambladas, homosexuales, monoparentales, mujeres y hombres en soltería por elección, y más sofisticadas construcciones como el *coparenting*: vínculo de compromiso parental con un hijo pero no relación sexo-afectiva..., y la lista de neologismos sigue) que pueden dar cuenta de otras situaciones, que amplían el recorte al que yo me dedicaré.

Por otro lado, sabemos que la función materna-paterna es independiente del género, y también me permito remarcar que las nuevas modalidades de concepción y crianza parecieran estar poniendo en jaque "el destino de la especie", en tanto solo se orientan al "resultado" (tener un hijo) sin medir las consecuencias personales, emocionales, familiares, sociales y políticas.

Desde el punto de vista cultural se sigue ubicando al deseo de maternidad y al deseo de un hijo como aquello que legitima el lugar social de las mujeres. Esa es una idea que me hace mucho ruido en cada consulta, cuando comparto con la paciente la inquietud de revisar la noción de límite, libertad, aceptación, identidad, y percibo que antes no hubo espacio para ese planteo.

Con los pacientes trabajamos sobre la dimensión deseante y sobre la aceptación del lenguaje del cuerpo, revisamos su lugar en la familia de origen analizando el estudio del genosociograma, indagamos su rol en la díada con la propia madre (¿te has sentido "hijo-cónyuge" o "hijo-madre" o "hijo-padre" o "hijo de transición"?). Verificamos si, en la actualidad, tanto el espacio como el tiempo que requiere un hijo en el plan familiar no están ocupados por diversas tareas: otras exigencias, miembros del clan en los cuales dedicar energía (como hermanos menores, parentalizaciones –patrón de familia disfuncional: cuando progenitores y niños intercambian sus roles–, actividad profesional de "cuidadores"), y analizamos qué tan fecundo es su momento creativo: qué hace, cómo transforma lo que hay en su universo, qué se siente capaz de crear, dónde observa sus bloqueos de creatividad. Un hijo es siempre un acto creativo.

Cuando expreso "a cualquier precio, NO", semejante a la expresión que usa Patricia Alkolombre al decir "la pasión de hijo"[3], quiero señalar que convocar a un hijo no debería ser un capricho, un mandato familiar o una ley general. La propuesta canónica grita: "chicas, deben ser madres porque ustedes son mujeres". Pero... si todas las mujeres no somos panaderas, astronautas, maestras o bailarinas, si somos tan actualizadas e inclusivas, tan deconstruidas y sororas, ¿por qué deberíamos exigirles a todas el mandato de ser madres?, ¿dónde dejamos la amplitud que se canta en las marchas por la diversidad?, ¿podemos aceptar que la biología no es el único parámetro?, ¿todas nacimos para ser madres?

En esta línea es ineludible el aporte de la psicología vincular y sus consecuencias en la psiquis de la descendencia: la importancia de la felicidad de las madres para la salud de su progenie, y la responsabilidad asumida a conciencia plena. Es decir, en lo que insisto cuando escucho a un paciente es en la necesidad del planteo a conciencia: enfrentarse al canon con la convicción de que ya la sociedad no puede permitirse la ceguera del pronatalismo, aludiendo únicamente a cuestiones biológicas.

Si en el siglo XVIII se lanzó la idea de la responsabilidad paterna, el siglo XIX confirmó esa idea y acentuó la responsabilidad de la madre. No obstante, será en el siglo XX que "responsabilidad" se lea como "culpabilidad materna". Lo sabemos: la maternidad es un concepto que ha variado a lo largo de la historia, no siempre fue el eje de la familia nuclear fundada en valores patriarcales. Según las épocas, fue mandato, estatus, práctica doméstica, referente de certeza de filiación absoluta (la epigenética aún no se consideraba un criterio como hoy), y todavía ser madre implica un techo de cristal. Esta definición es alimentada por la fantasía de una falsa

---

3 Alkolombre, Patricia (2012). *Deseo de hijo, Pasión de hijo*. Buenos Aires. Letra Viva.

y extensa juventud que, en el retraso del final de la vida fértil gracias a las técnicas de reproducción asistida, estiran el tiempo natural para ser madres.

Agosto de 1960 en Estados Unidos marca el inicio de una revolución gradual, callada y extendida: la mujer disponía de la píldora, una herramienta para planificar su vida y la libertad para decidir si quería ser madre; y, si quería tener hijos, elegir en qué momento. Asumía, contra la mirada del sistema social tradicional, un hecho revolucionario: el control de su propio cuerpo, la liberación sexual y una mayor responsabilidad sobre su futuro y su incidencia sobre la vida de otro.

Sabemos, sin embargo, que las técnicas de anticoncepción se registran en la historia desde el Antiguo Egipto, pasando por la Grecia Clásica y la Edad Media. Cada época ejerció su derecho a procrear o limitar las posibilidades de quedar embarazada y lo resolvió con los materiales propios de su tiempo (el excremento de cocodrilo en forma de pasta impermeable a la eyaculación fue una práctica entre los faraones, o los cartuchos de piel de diversos animales como los protocondones).

Concebir, así como el deseo de maternar, tiene, además de condicionamientos técnicos, herencias de índole transgeneracional (las memorias arcaicas aportan unos programas de toma de decisión que en general son invisibilizados por la ciencia).

Los médicos especializados en fertilidad siembran una desesperanza tóxica en las mujeres deseantes cuando las declaran estériles; cometen una grave falla bioética, caen en la iatrogenia por la palabra, desconociendo que hay otros motivos a revisar, antes de decretar el "fracaso".

Muchas de las "razones" por las cuales una mujer no consigue el embarazo tienen raíces en varias generaciones atrás, y no solo en su propio cuerpo. Y muchas mujeres que deciden no ser madres, también deben buscar por esas ramas los frutos congelados.

Vayamos a un ejemplo: la abuela T. (1) sufrió una violación siendo muy joven, cuyo resultado fue el nacimiento de una niña. Años después, T. se casó y tuvo una segunda hija. La primera niña, de adolescente (2) es abusada por el actual marido de su madre (su padrastro) y por ese acto de incesto nace una niña (3). De estas tres mujeres, que son tres generaciones, la nieta (3), que no ha sufrido ninguna violencia ni abuso, es sin embargo la que lleva el trauma inscrito con mayor fuerza. Arrastra la mayor cicatriz en el genoma de todas sus células: es diagnosticada "estéril"; síntoma que la "favorece" a fin de eliminar las posibles consecuencias en futuras generaciones. En todos los estudios observamos que la tercera generación es siempre la más afectada.

En el libro *The Baby Matrix*[4] –en el cual la autora, Laura Carroll, analiza las creencias arraigadas sobre la reproducción– dice algo en lo que coincido y hago mío: "Este no es un libro sobre convencer a la gente de que no tenga hijos. Quiero que las personas sean muy conscientes de las presiones sociales y culturales de larga data, y que puedan liberarse de esas presiones al tomar decisiones sobre la mapaternidad. Esto dará como resultado que más personas tomen las mejores decisiones por sí mismas…".[5]

Firmaría esta declaración.

Nos han enseñado que la fórmula es así: Vida = nacer + crecer + reproducir + morir. Pero los tiempos habilitan otras variables, ya no es la única ecuación posible, ya "la regla" no rige hegemónicamente todos los destinos por igual. Los cuerpos y los proyectos personales de las mujeres tienen autonomía y se expresan, aun cuando naveguen a contracorriente.

Trabajar mitos, prejuicios y expectativas sociales, desnudar las fenomenales industrias de la fertilidad (congelamiento de óvulos y otras delicias científicas), pensar desde cuándo hay vida, problematizar la llegada de un hijo a la pareja y a la familia, registrar los traumas vividos en la propia niñez que se reflotan junto con un embarazo, observar las dificultades de las infancias obligadas a los extremos adaptativos del "ensamble" y sus consecuencias (o del desapego, el caos y la violencia), identificar la disponibilidad de tiempo y espacio "reales" que tienen para ofrecer los adultos deseantes de descendencia, delinear el mapa de acción en la pareja una vez nacido el ansiado bebé, y plantearse si están disponibles para ese trayecto de apoyo durante los "primeros mil días de oro" son algunos puntos a revisar.

En síntesis, mi finalidad es contarle a quien esté leyendo este libro que, investigando para mis cátedras, insistiendo en actualizarme para mi

---

4   Carroll, Laura (2012). Estados Unidos. Livetrue Books

5   https://newlegacyinstitute.com/episodio-4-construyendo-un-movimiento-child-free-childless-para-un-cambio-significativo-invitada-laura-carroll/?lang=es

formación como especialista en salud perinatal, y para la optimización de mi tarea terapéutica, busqué incansablemente un libro que NO encontraba en las librerías. Entonces me puse a la tarea de escribirlo.

El eje de estas páginas, que iremos desarrollando sin la premura fragmentaria de los tiempos actuales, se orienta a contrarrestar la percepción de urgencia que la realidad exige: hoy gana lo breve, lo rápido, lo efímero, lo superficial; "se quiere todo y ¡YA!", y –está bueno de una vez asumirlo– todo no cabe. Y menos aún eso que llamamos "deseo de ser madre", en un contexto superpoblado de otros estímulos, obligaciones, miedos y aspiraciones varias.

El resultado obtenido 9 meses después de la concepción –tiempo estándar, pero sabemos que hay otras cuentas posibles– no es ni efímero, ni breve, ni pronto, ni superficial –como cualquier mensaje en la red que enreda–, pero ¿cuántas mujeres se plantean la dimensión del tiempo real cuando afrontan la maternidad?

Por otro lado, están las mujeres que deciden no tener hijos. Esas, desde su libertad, asumen la opción de elegir, algunas saben qué ganan y qué resignan. Otras, simplemente se escuchan, la maternidad no forma parte de sus planes y proyectos. Merece la pena esta aclaración: me centro en las mujeres porque desde la Biblia (y antes) aparece la identificación MUJER = MADRE, pero cabe el mismo predicado sobre el no deseo de paternar para los varones.

Muchas mujeres ponen la escucha en el afuera: "¿y, querida, no van a ampliar la familia?", y es cuando estalla el tic-tac de alarma con el tono vencido de su reloj biológico; han retrasado el momento de concebir/parir por dar prioridad al desarrollo personal, la profesión, los estudios, los viajes o los temores arcaicos que guarda la memoria del árbol, y cuando se quieren acordar, ¡zas!, ya tienen los 40 encima y la reserva ovárica escasa.

Aunque hoy hablemos en términos deconstruidos, tener un hijo es en verdad un asunto de pareja. Claro que hay mujeres y hombres solteros que mapaternan. La monoparentalidad existe. De todos modos, en lo personal, hablo desde el paradigma que conozco y considero más salutogénico, y es desde ahí que me permito afirmar que un hijo "se fabrica" entre dos. Esta expresión tan obvia implica que sobran los terceros (entiéndase la "ciencia" y sus trucos de reproducción asistida). Pero vamos más lento, que tenemos nueve lunas por delante...

Apuntes de un guion teatral

Visualicemos esta escena: el tiempo corre y la maternidad se disipa. Fallan los intentos, la pareja se deserotiza porque –en lugar de encontrarse amorosamente, a gusto y *piacere*– calculan la fecha, la postura, la hora, la temperatura y los dispositivos. Inventan festejos y escapadas románticas. Todo se frustra. No piensan en el disfrute de los días libres para aprovechar el paseo y el paisaje, sino en la ovulación tan escurridiza y la impotencia de tanto cotillón idealizado, que demora en consumarse.

La crisis los aleja, la cama deja de ser espacio de intimidad y placer para transformarse en ring de boxeo contra las adversidades del cuerpo que no da en el centro: el instante fértil se escabulle y la desilusión entra en escena. Ella y él se angustian, se repelen, se buscan, se necesitan, se rechazan, se cuestionan, se ignoran. Y se pierden el paisaje soñado, el mar y las palmeras que tienen delante. Se ofuscan y dejan de hablarse. Dejan de tener relaciones sexuales, pero siguen insistiendo en que quieren tener un hijo. ¿Cómo?

"Bueno, amor, tranquila. Veamos a un nuevo especialista en fertilidad cuando regresemos a casa, y el médico se ocupará de todo".

Delegan y se tranquilizan. Pasan la pelota al médico que hace su juego. Ella y él revisan la cartilla. Tachan uno y otro profesional de la lista. Regresan a la consulta con la esperanza renovada y vuelven a empezar todo el ciclo de nuevo... y el embarazo se sigue postergando. Ellos ya no se encuentran.

Un mes y otro mes. La llegada puntual de la menstruación anuncia que "esta vez tampoco sucedió". Pero... ¿tuvieron relaciones sexuales? La mayor parte responde que no. Insisten en poner la salvación afuera. No se escuchan, no se ven.

Entonces entran a tallar las más sofisticadas clínicas con propuestas de asistencia original y resultados infalibles para "las mujeres que no pueden", y todo se entorpece más aún. Culpa, desánimo, reproches, aislamiento, angustia. La pareja aumenta la distancia amorosa. A la frustración se suma la descalificación, la falta de rendimiento, la ignominia de no sentirse reconocidas porque "son las que no pueden".

La Superclínica de fabricar bebés engrosa sus arcas. Las parejas se debilitan. El proyecto del hijo se deja en manos de otros. Se mecaniza el deseo de familia. Hombres y mujeres quedan en el abismo entre lo que se siente y lo que se les exige, y el tiempo pasa; la cristalización de la descendencia se evapora y el negocio de la ovodonación o la subrogación de vientre parece que gana la batalla comercial. Nuevo intento. Y ya van...

Pero el cuerpo sigue diciendo NO.

Y ese gigante amenazador que llamamos "culpa" se refuerza cada vez más en su imperio: las fantasías sobre la causa de "infertilidad" abarca regiones insospechadas a partir del miedo y de la culpa.

Cada miedo, cada culpa es una capa de pesado material hecho de creencias y patrones ajenos. En cada uno se desata un sistema de verdades a medias, falsedades a medias, que piden intervención.

Como especialista en Salud Mental Perinatal tuve la oportunidad de acompañar cientos de casos que me permiten ejemplificar con un abanico amplio sobre las motivaciones ocultas detrás del deseo fallido.

Si hay impedimento de fecundación, y la medicina dice "todo está bien, sigan intentándolo", es hora de indagar en las historias que guardan memorias de duelo, amenaza y peligro como causas inconscientes de protección ante un posible embarazo. Es cuando la Psicogenealogía tiene algo para decir.

Puedo afirmar que "he parido" innumerables casos clínicos en las consultas con parejas o con mujeres solas que, tras desbloquear el fantasma transgeneracional, concibieron su deseo. Ese gran laboratorio que es el consultorio me permite acercarles varios escenarios posibles de esta "falla" sin causa a la vista. Y en muchas ocasiones, despejado el límite o el temor inconsciente, quien consulta está en condiciones para lograr el anhelo. Efectivamente, tras la tarea de indagación psicogenealógica, el embarazo se logra "mágicamente", y *habemus filio*.

Otros casos muestran que, donde la resistencia y la vivencia de amenaza se vive de forma muy potente, para salvaguardar al sujeto, el Inconsciente niega todo intento natural o asistido de concepción. Y el hijo es un no-posible.

Me remito a mi experiencia profesional, desde mi especialidad como psicoanalista transgeneracional orientada en Salud Mental Perinatal con el enfoque integrativo (PNIE), sabiendo –como ya he dicho– que el amplio universo de opciones también permite la descendencia a mujeres solas, hombres solos, parejas ensambladas, de lesbianas o de gays. En cada caso, las intervenciones de reproducción asistida habilitarán los mejores recursos de cara a las soluciones más aconsejables. La bibliografía abunda.[6]

Sin duda hay más de un modo de conformar una pareja. Distribuir los roles de género en el interior de un vínculo amoroso puede ser igualmente positivo en la crianza de un hijo, siempre que exista "la vocación" de estar disponible para "la cría-mamífera" más vulnerable en ese conjunto.

En lo personal, los casos que más frecuentemente he acompañado en consulta me ofrecen "una fórmula" con interesantes resultados en el "laboratorio" conformado por un hombre y una mujer que desean procrear. Decía Winnicott que no existe bebé sin su madre y que no hay madre capaz de cumplir con todos los requerimientos del bebé en sus primeras etapas, si no hay un padre (o un "tercero" que contenga a esa madre): el sostenedor de este vínculo desde su inicio.[7]

Es desde este enfoque que me expreso. Hablo desde mi perspectiva de investigación a partir de los casos clínicos trabajados. Dejo a otros colegas el desarrollo de los interesantes pliegues que esta temática ofrece desde perspectivas diferentes de la mía.

Cuando hablamos de modelos de familia, debemos considerar la construcción del sujeto hijo, cuya estructura se sostiene en tres ejes: el biológico/sexual (constituido por los padres) que son de sexos diferentes; el estatus legal del niño (la inscripción en el acta de nacimiento y el libro de familia); y el conjunto de las personas que garantizan su cuidado y educación. La conformación de nuevos paradigmas de parejas, familias y modos de concebir exige claridad cuando un niño pregunta por sus orígenes. Lo más saludable sería la capacidad de responderle desde cada una de estas tres instancias.

Hoy hablamos de "neoparentalidades" y, por ejemplo, de los derechos adquiridos para tener hijos dentro de la ley de matrimonio igualitario. Son variadas las nuevas configuraciones vinculares que surgen a partir de estos avances en la política social. Entiendo que la praxis se articula con una

---

6 Cito solo algunos ejemplos: Vázquez, Violeta (2019) *Ensambladas. Todo tipo de familias.* Buenos Aires. Albatros. Giberti, Eva (2010). *Niños y niñas adoptados por personas homosexuales. Neoparentalidades. Imago Agenda* N° 140. Documental *Homo Baby Boom. Familias de lesbianas y gays.* https://vimeo.com/22385775

7 Winnicott, Donald (1998). *Los bebés y sus madres.* España. Paidós.

actitud dinámica; que es preciso considerar los contextos actuales y estar dispuestos como profesionales a experimentar los bordes flexibles, por eso la clínica es la puesta en escena ideal para la escucha en tiempo real, para revisar ámbitos de reflexión e investigación que eran impensados en otras épocas (pienso en el inicio del Psicoanálisis, los tiempos contemporáneos a Freud, y me pregunto qué habría pensado Segismundo sobre la ovodonación). En muchas oportunidades, todavía, se configuran escenarios que siguen sin ser pensados para no enfrentarse a los complejos mecanismos del desarrollo de la experiencia que aborda cada profesional.

Mi punto de partida tiene esta premisa: la cría humana es un mamífero muy especial, extremadamente frágil, vulnerable, dependiente, y por todo esto necesita de dos energías, la materna y la paterna, para ser sostenida y cuidada, para recibir confianza, desarrollo saludable y apego seguro. Y, aun así, no alcanzaría.

Afirmo que para traer a un ser al mundo se necesita de la conciencia que convoque al más auténtico diálogo con la propia identidad. Una responsabilidad consciente y verdaderamente generosa, activa y vocacional: ¿puedo ser madre?, ¿qué tengo para dar?, ¿ejercitaré con vocación ese arduo ejercicio vital y artesanal que implica ser-para-otro?, ¿o solo busco tener un hijo para dejar atrás mi soledad o mis heridas?, ¿tengo el apoyo y el resguardo de un compañero que vaya a la par con este proyecto común de cuidar este "material ampliamente sensible"? De todo esto deberíamos hablar en pareja cuando deseamos un hijo.

Como ya dijimos, desde hace décadas los estudios sobre maternidad nos vuelven a formular con bases actualizadas lo que ya sabíamos, que el instinto maternal no es parte constitutiva de la llamada naturaleza femenina. Lo que nos imponen como "instinto" es un comportamiento social reglado, un hacer histórico aprendido y una manera de transmitir a través de las generaciones (aunque según las épocas cambien las costumbres). Una construcción social e histórica "educada" y transmitida que cambia según los contextos. Un libreto aprendido y aprehendido.[8]

Entonces, ser madre, ¿se hace o se nace?

---

8 Badinter, Elisabet (1980). ¿Existe el instinto maternal? *Historia del amor maternal. Siglos XVII al XX*, Barcelona. Paidós.

SER MADRE
¿SE HACE O SE NACE?

Desear un hijo NO siempre es un "deseo" genuino

> *Una mujer 'nsatisfecha es d'fíc'lmente una buena madre.*
> **S'mone de Beauvo'r**

> *F'njamos que soy fel'z,/tr'ste pensam'ento, un rato.*
> **Sor Juana Inés de la Cruz**

> *El amor maternal es solo un sentim'ento humano. Y es, como todo sentim'ento, 'nc'erto, fróg'l e 'mperfecto.*
> **El'sabeth Bad'nter**

Lo repito: mi propuesta no es una argumentación en contra de los niños, los hijos, la descendencia, ni el linaje; tampoco contra las mujeres que deciden concebir, gestar, parir, criar y volver a concebir una y otra vez: ser madres. Me mueve la ilusión de hacer eje en la necesidad de una mirada con el mismo respeto a otras opciones de vida tan valederas como la anterior. Sin embargo, aún la sociedad no está exenta de una excesiva carga de prejuicios, machismo, impertinencia, mitos y malentendidos.

Seamos honestos, ¿siempre que se desea un hijo hay verdadero deseo? Sabemos que el "deseo" puede encubrir miedo a la soledad en la vejez, amenaza de divorcio, protección estatal de subsidios a la maternidad, acortamiento de la pena en un caso de dictaminarse prisión a la madre, o tener médula espinal de repuesto, necesaria para el injerto al hermanito en dificultades...

La cuestión del deseo exige algunas precisiones más. La deserotización, la mirada ansiosa del almanaque calculando fechas reproductivas, la sexualidad programada son algunas de las consecuencias de la angustia de una pareja cuando cada mes re-aparece la misma frustración, desesperanza y sensación de castigo: "¿por qué a mí?".

La idea es continuar el debate y ¡animarse a revisar lo que viene impuesto! Es decir, expresiones como "el deseo universal, innato, instintivo, natural, de procrear" al lado de la palabra "mujer" exige ser revisado, cuestionado, desnaturalizado. Además, se impone debatir la visión dominante, que considera la madurez psíquica y emocional de las mujeres cuando aceptan la maternidad.

Ejercicio superexprés: pensemos en tres mujeres con hijos que formen parte del círculo más cercano y puntuemos de 0 a 5 (donde 0 es nada y 5 es todo) el grado de madurez psíquica y emocional que expresan. ¡Nos sorprenderán los resultados!

Está embarazada, está estresada

Las mem•r'as n• se almacenan s•l• en el cerebr•
s'n• tamb'én en la red ps'c•s•mática
que se extiende p•r t•d•
el cuerp•, a l• larg• de las c•nex'•nes entre l•s órgan•s
y hasta la superf c'e de nuestra p'el.

Candace Per**t**

El estrés forma parte de nuestra vida. Somos concebidos en el campo energético de nuestras madres. Allí se guardan las memorias de sus alegrías y frustraciones al momento de albergarnos en su cuerpo. Desde la primera casa nos programan para percibir la tonalidad de eso que llamamos "la vida", "el mundo", "la realidad".

La pareja gestante conforma un dúo de "ingeniería genética"[9] y una biblioteca de legajos ancestrales.

¿Hay elección, alegría, confianza, libertad? ¿Hay queja, abuso, maltrato?

Escenarios muy diferentes. La suma de eventos estresantes convierte ese océano transparente en un charco tóxico. Por eso, si de maternar se trata, decimos que las consecuencias del estrés perinatal pueden dejar huellas a largo plazo en la memoria celular.

---

9   Lipton, Bruce (2011). *Biología de la creencia*. México. Océano.

Ejercicio: ¿se te eriza la piel ante objetos metálicos?, ¿te incomoda la luz intensa o el sonido muy estridente?, ¿hay escenas de ficción (cine, literatura) que te provocan reacciones fisiológicas de asco, miedo, dolor en la boca del estómago, mientras otras personas de tu entorno ni se inmutan ante el mismo estímulo?

Tratamos de revisar y buscar objetos, sensaciones, eventos que se nos representan cargados de una emocionalidad desproporcionada, densa, desconcertante porque allí puede aparecer el secreto largamente ocultado. ¿Te dijeron que naciste con doble vuelta de cordón, o con fórceps, o en medio de un tiroteo callejero? ¿O mientras tus padres eran objeto de persecución ideológica?

La psico-bio-educación nos invita a no naturalizar el estrés durante el embarazo para así poder trabajar sobre las consecuencias en el bebé. Por supuesto que es un estado especial, que hay cambios hormonales, físicos y emocionales, pero deberían vivirse con el menor grado de alteración posible. Estamos en una etapa fundante de la vida en camino, un material mamíferamente delicado, único. No hay derecho a dañarlo de antemano.

El estrés materno provoca cambios moleculares que darán al niño una respuesta alterada a lo largo de su vida frente a situaciones adversas. Esta falla se graba de por vida a causa de la incorrecta regulación del eje hipotálamo-hipófiso-adrenal (HHA) y se manifestará en la infancia, adolescencia, adultez, en el ánimo, conducta, afrontamientos negativos, habilidades verbales mermadas y bajo desarrollo cognitivo, con probabilidad de hacer cuadros de incidencia asma-bronquial y trastornos depresivos por la deficiencia del nivel de serotonina gestacional.

No todas las personas tienen igual resonancia ante situaciones de estrés, pues su eje HHA no reacciona de igual manera, la clave está en la etapa intrauterina; con esa diferencia basal nacemos.

Hay quienes logran apaciguarse ante un trastorno o exigencia externa y quienes se manifiestan exageradamente ante los estresores; son las personas que muestran un fenotipo más vulnerable, que pueden sufrir *burnout*, *bullying*, acoso, depresión severa, desesperanza.

Un entorno amigable, confiable, amoroso puede implantar la resiliencia donde antes hubo estrés agudo. Se precisará de un cambio radical del ambiente para que la epigenética haga su parte más amable. Sin este cambio de estructura, el "ansiado" bebé puede ser una bomba envuelta en papel de regalo.

Efectivamente, las investigaciones nos anotician de la expresión alterada de los neurotransmisores, neuromoduladores y sus receptores cerebrales. Sabemos que el estrés de un embarazo no deseado o vulnerado por circunstancias adversas en la pareja, por ejemplo, o la economía o un ambiente de hostilidad (guerra, hambruna) sensibiliza el cerebro fetal y, en muchos casos, se constituye en lo que conocemos como "fenotipo ahorrador". Hablamos de los bebés con bajo peso al nacer, para ahorrar energía, por alteraciones en el metabolismo de la glucosa y la insulina, que son el antecedente de las frustraciones juveniles y las dolencias en edad adulta. Este tipo de alteraciones modifica la expresión genética y se puede transmitir a las siguientes generaciones.[10]

Así mismo, otras consecuencias fueron registradas luego de casos testigo en estudio: la desnutrición, la sensibilidad alterada ante un ambiente amenazante, un incorrecto neurodesarrollo (con redes neuronales sin la adecuada conexión para un mejor desarrollo cognitivo/comportamental). Y con un estrés continuado, persistente durante la gestación y los primeros años de vida, se observó una notable disminución de la capacidad de neurogénesis y una mayor vulnerabilidad al estrés.

En el útero navegamos por una sopa energética-emocional única, como las huellas digitales. Y, a la vez, común –como le sucede a toda la humanidad– con sus patrones colectivos, conscientes (históricos) e inconscientes.

Hoy sabemos que las estructuras cerebrales (hipocampo, hipotálamo y amígdalas cerebrales) quedan programadas desde el tercer trimestre del embarazo. La memoria que se graba a partir de las amígdalas (emocionales) difiere de la memoria declarativa del hipocampo. Pero ambas se

---

10   Cólica, Pablo (2021). Pinelatinoamericana. "Conductas emocionales y estrés". (Artículo de divulgación PNIE). https://revistas.unc.edu.ar/index.php/pinelatam/article/view/36036

nutren del nivel de cortisol materno. Una de las funciones de la placenta es, pues, proteger al niño del estrés materno y la cascada de cortisol, gracias a una enzima que lo desactiva. No obstante, la misión de barrera no es total: la enzima disminuye proporcionalmente su acción benéfica ante un grado elevado de estrés gestacional y se ve aumentada la neurotoxicidad del cortisol sobre el cerebro en formación.

Además, se producen otros intercambios hormonales: el triptófano interviene en el proceso de la vida fetal regulando la capacidad inmunológica para evitar que la madre rechace "ese elemento extraño" en su cuerpo. Si el estrés materno es tan alto como para variar el metabolismo del triptófano, la consecuencia es altamente neurotóxica: se disminuye la serotonina y puede provocar aborto o prematurez.

Cuando recibo en consulta a una mujer anhelante de un embarazo que no llega, le pregunto: "¿de dónde crees que viene esta falla?". La oriento a tirar del hilo de la memoria que la lleve hacia atrás, a la adolescencia, la infancia, el nacimiento, el útero. Vamos en busca de la herida original.

En el recorrido aparecen tesoros inimaginables. Como en la parábola de Eckhart Tolle[11], en la cual un mendigo vivía a un lado del camino, sentado sobre una caja, pidiendo limosna. Hasta que un día, pasó por allí un hombre y el mendigo le extendió la mano para pedirle dinero. Este le indicó que no tenía nada para darle, pero le preguntó: "¿Dónde estás sentado?". "Ah, en una vieja caja; aquí estoy hace muchos años". Entonces el paseante indagó: "¿Has mirado alguna vez dentro de ella? ¿Por qué no buscas a ver qué hay?". El mendigo la abrió y con asombro e incredulidad descubrió que la caja estaba llena de monedas de oro. Mirar adentro. El objetivo es confiar en que la intervención acompañada, segura y en foco permite detectar, reconocer, asumir y re-programar el patrón celular de unas memorias traumáticas. Las monedas de oro son una riqueza interior que tal vez aún no hemos descubierto.

---

11   Tolle, Eckhart (1997). *El poder del ahora*. Buenos Aires. Grijalbo.

Una vocación

...en lugar de tratar de determinar qué enfoque es correcto y cuál erróneo, partimos de la premisa de que todos son verdaderos pero parciales y, en consecuencia, no pretendo elegir uno y desembarazarme de los demás, sino que busco el modo de articular las distintas verdades fragmentarias presentadas por todos ellos.

Ken Wilber

Cuando no existe un propósito de ardiente pasión, movilizante y capaz de hacernos sentir que escalamos el Everest, no podemos hablar de vocación.

La clínica, las investigaciones en perinatalidad, la experiencia, la bibliografía son instancias que me permiten afirmar esta idea que –desde mi posición– puede resultar provocadora: ser madre debería vivirse como una vocación. ¿Todas las mujeres que tienen hijos pueden afirmar que sienten la vocación de ser madres?

"Los padres dan, los hijos toman", dice Bert Hellinger. Y la rueda permite saldar de una en otra la deuda original, pero no solo se consigue de modo literal, hay quienes, sin tener hijos biológicos, legan lo recibido a otras personas, a la naturaleza, al mundo social-cultural, a la Vida.

Nombro como "vocación" lo que Donald Winnicott mencionó con su famosa frase: "madre de devoción corriente".[12] No hablo de "perfección". Las madres son personas, y por lo tanto, falibles, pero sí quiero reforzar la idea de "a conciencia". Lo sabemos: no existen las madres perfectas, pero alcanza con que sostengan un umbral de tolerancia a la frustración y el displacer, y que sean *suficientemente buenas* para ese bebé. ¿Qué significa esto? Ser capaces de identificarse con las necesidades del hijo; capaces de responder a los gestos espontáneos, a las necesidades del bebé sin confundirlas ni sustituirlas por las propias necesidades; capaces de no delegar lo que corresponde a la madre y solo a la madre. Y es, además, la importancia de comportarse como madre previsible, reconocible, mamífera, dadora, traductora fiel de emociones.

---

12 Winnicott, Donald (1998). *Los bebés y sus madres.* Buenos Aires. Paidós.

Una mujer sobrepasada de estrés, sin apoyo, en precariedad económica y emocional, o –por mencionar un extremo– atravesando psicosis puerperal, manifestará abruptos cambios de ánimo, actitudes imprevisibles que colmarán de dudas e intemperie al niño. El caos emocional de origen. Esto instala la desconfianza de base. La desesperanza aprendida *in utero*.

Las experiencias de cuidado y el amor de una madre suficientemente buena son capaces de transformar las experiencias cotidianas negativas para que no impriman un sello traumático en el más vulnerable de los dos sujetos en juego. Sí, una parturienta es un ser vulnerable. Más aún lo es su cría.

Examinar cuánto de satisfecha está cada mujer con su identidad, su lugar y su deseo de maternar. Cuestionar la obligación histórica de encajar en el guion cultural, aceptar las ambivalencias, permitirse la diferencia de lo estándar, previsto para el destino femenino. Estas son las cuestiones que debemos poner en revisión para no dañar a las futuras generaciones.

Lo mismo cuando la mujer decide no ejercer su maternidad, elección que genera una serie de juicios: se las presiona, son eje de críticas por "raras" y por eso mismo no tienen un lugar propio, es decir, no hay un nombre con el que mencionar su estatus (como con otros estados civiles, por ejemplo, "soltera", "viuda", "huérfana"). Aunque han aparecido algunas denominaciones[13], todavía no se han integrado naturalmente al léxico habitual. Plantear la consigna "sin hijos por elección" es una tendencia indiscutible en el mundo occidental.

En España, Estados Unidos, Canadá o Gran Bretaña el índice de mujeres embarazadas disminuye cada año. También el 40% de las mujeres japonesas dicen que no van a tener hijos. Y en Dinamarca la escasez de bebés ha hecho que los políticos cierren guarderías y escuelas en algunas zonas.

---

13   DINKS, siglas de la frase en inglés *double-income no kids* (parejas en las cuales ambos trabajan, perciben ingresos y no tienen hijos). El término *childless* ("sin hijos") fue sustituido por *childfree* ("libre de hijos") a modo de remarcar la decisión de no tener niños por elección. *Childfree* o "sin hijos por elección". Un dato curioso: el diccionario Oxford de inglés tiene una entrada para la palabra *childfree* desde 1913. NoMo es abreviatura en inglés de *not mothers*, ("no madres"). Se sugiere ver el siguiente video https://www.youtube.com/watch?v=9ThVBVZGjb0

En Canadá la baja tasa de natalidad ha sido una tendencia importante por más de 40 años.[14] Y las estadísticas aún plantean un panorama mucho más sombrío cuando afirman que "en el mundo sin hijos, menos jóvenes necesitarían atención, por lo que habría un reequilibrio de las discrepancias en los ingresos entre ambos géneros, pero en última instancia, nuestros medios públicos para el cuidado de las personas mayores y los planes de pensiones privados se derrumbarían sin nuevos aportes que ingresen a la fuerza de trabajo. Así que tendríamos un gran déficit del cuidado de ancianos justo antes de que todo el mundo muera".[15] Suena natural, pero es perverso. Merece la pena reflexionar e invitar a ver el revés de la trama "utilitaria", es decir, tener hijos para que haya en el futuro cuidadores de nuestra vejez. ¡Qué panorama tan egoísta! Repito la máxima de Hellinger: "los padres dan, los hijos toman". Cuando ese orden se trastoca, el desequilibrio asume la máscara de la enfermedad, la frustración, la quiebra anímica, financiera o amorosa.

Muchos son los análisis que se centran en este fenómeno de baja de la natalidad en el mundo. Citaré uno como muestra: Francisco Javier Cortázar Rodríguez ha realizado un profundo estudio sobre las causas de las mujeres que deciden no tener hijos. Para ello realizó 20 entrevistas con mujeres entre los 17 y los 49 años, garantizando la confidencialidad y el tratamiento de la información. Sostiene que el grado de reflexividad que manifiestan las entrevistadas muestra que se trata de una decisión que no ha sido tomada a la ligera, que tienen perfectamente claro lo que no quieren y han ido afianzando su decisión a través de experiencias múltiples que las reafirman en su posición. Dice que "las causas que convergen para explicar esta tendencia son muchas y van desde el cambio en los valores sociales (individualismo, independencia, consumismo, realización personal y profesional, una sexualidad más libre), problemas contextuales (carestía de la vida, falta de oportunidades para conseguir un mejor empleo, deterioro de las prestaciones sociales y del estado de bienestar,

---

14 Según datos de la Dra. Kaler, Amy, profesora de la estructura social en la Universidad de Alberta y la Dra. McDaniel, Susan, socióloga de la Universidad de Lethbridge y presidenta del Instituto Prentice para la población y economía mundial. https://www.vice.com/es/article/nnkz5k/what-would-happen-if-young-people-stopped-having-babies

15 https://www.vice.com/es/article/avm4qa/que-pasaria-si-los-jovenes-dejaran-de tener hijos

contaminación, inseguridad) y estructurales (falta de oportunidades para adquirir una vivienda propia, inequidades de género, falta de legislación y apoyos concretos para este modelo alterno de familia)".[16]

Considero muy interesantes estas conclusiones y todos los planteos me parecen válidos, pero entiendo que a estos interrogantes les falta el aspecto transgeneracional que desarrollaremos más adelante. Una variante ineludible en los estudios sobre "fertilidad".

Por otra parte, el psicólogo y "experto en felicidad", Paul Dolan[17], analiza y argumenta su postura: "¿Podemos conformar una pareja plena sin hijos?". Sinteticemos esta línea de investigación de Dolan: las mujeres solteras y sin hijos son el grupo social más feliz entre la población, suelen vivir más años y mantener una vida más sana, en consecuencia. Para las mujeres, estar casadas y tener hijos ya no significa éxito social como podía suceder hace varias décadas. El grupo social más feliz y más sano son las mujeres que nunca se han casado o han tenido hijos.[18]

Desde este punto de vista, podemos afirmar –como dice el especialista– que las relaciones amorosas de pareja, sin hijos, establecen vínculos más felices, contradiciendo la sabiduría popular: "un niño llena de alegría la casa".

Discutible, debatible, pero al menos echa luz sobre una cara de la moneda que era interdicta hace unas décadas. Sin embargo, no es el único, ya son extensos los análisis al respecto. Citemos otro: un estudio de la universidad británica Open indica que, en realidad, hay numerosos matices. Relevados más de 5000 casos, con personas de todas las franjas de edad y orientaciones sexuales, en investigaciones desarrolladas durante dos años, los resultados concluyen que las parejas que no han tenido descendencia

---

16   Cortázar Rodríguez, Francisco (2016). "Mujeres que han decidido no tener hijos". Romo Morales, Gerardo (coordinador). *La familia como institución. Cambios y permanencia*, capítulo 7. México. https://www.academia.edu/25086789/La_familia_como_institución_Cambios_y_permanencias

17   Profesor de la London School of Economics, autor del libro *Felices para siempre*, (2015). Planeta de libros.

18   https://www.lavanguardia.com/cribeo/estilo-de-vida/20190528/47436013297/un-psicologo-britanico-afirma-que-las-mujeres-solteras-y-sin-hijos-son-mas-felices.html

suelen ser más felices con su relación y valoran más a su compañero o compañera.[19]

Tal vez la maternidad, así como la eutanasia –nacer y morir–, sean los temas más controversiales desde las diversas posturas bioéticas, y siguen reclamando replanteos profundos sobre la libertad del ser. En asuntos tan espinosos y cuestionables desde diferentes ángulos, asumo –aun a riesgo de las objeciones que pueda originar mi punto de vista– que tomar posición es un imperativo. Y mi propuesta se enfoca en esta declaración expresada anteriormente: ¡a cualquier precio, NO!

Tener un hijo implica conciencia y reflexión. Ser madre debería ser una Vocación (con mayúsculas). Un *vocare* –tal su etimología del latín–, un verdadero "llamado" a ejercer la mapaternidad. Dedicación inspirada, una misión que nos realice como sujetos y permita realizarse a los otros. Un propósito vital elevado. A conciencia plena. Como una flecha que se dispara al centro de la identidad.

Y desde esta perspectiva no todo deseo de hijo es genuino. Ni toda tarea materna lleva pasión y dedicación en su ejercicio. Vocación implica elección. No viene impuesto. No es parte del engranaje biológico. No es capricho ni herramienta para alcanzar otra situación; un hijo no debe ser el medio para ser una mujer respetada, sostener el matrimonio, desplazar al amante o recibir una herencia.

Decíamos que no todo deseo es genuino. Ni toda tarea materna es vocacional, ni lleva pasión y dedicación en su ejercicio. (Sí, está repetido el párrafo a conciencia). Ya en la jurisprudencia y la psicología se habla del concepto "competencia parental", haciendo referencia a una aptitud, a un conjunto de condiciones mínimas. Una especie de "licencia de conducir" (no un auto, sino a un hijo, en este caso), requisitos, evaluación o como se quiera comprender el alcance de la noción planteada; si para adoptar hay que pasar tantos exámenes (siempre lentos que desvitalizan el deseo y tuercen los alcances), ¿por qué para gestar se entendería que puede ser libre, natural, biológico y abierto a todos y todas? ¿Se considera el trastorno de la personalidad, la madurez o la empatía de esos dos sujetos

---

19 https://www.menshealth.com/cs/sexo-relaciones-pareja/a38372308/parejas-sin-hijos-felices-relacion/

adultos que dicen desear tener un hijo? No hay diagnósticos presuntivos para quienes dan el paso del "dos" (la pareja) al "tres" (la familia).

La negligencia parental, la infantilización, la falta de disponibilidad (por no mencionar los extremos de abandono, desafectivización o maltrato/abuso) indican la ausencia de involucramiento en el cuidado amoroso, presente, dedicado, vocacional, apasionado. Entiendo que esta posición puede herir muchas sensibilidades o incomodar innumerables negocios institucionales, de marketing, y horrorizar a la "matriz" misma de la maquinaria médico-social.

La experiencia de consultorio me habilita a subrayar que hay cientos de niños y adolescentes con padres biológicos de total impericia para mapaternar. Esos padres son adultos que se han quedado bloqueados en su desarrollo y se ven impedidos emocionalmente (más allá de cuestiones prácticas/financieras) de llevar adelante una crianza saludable, sostenible, amorosa. En sus hijos se observan trastornos de ansiedad, agresividad, adicciones, depresión, autoflagelo y dificultades de integración social-educativa en la primera escolaridad.

Si "subimos" por el árbol genealógico, hay también infancias heridas en el padre y la madre del infante, de alto voltaje de estrés y ausencia de un adulto receptivo. Y, si seguimos subiendo, veremos más exclusión, abandono, ausencias, humillaciones y heridas sin sanar.

¿No se podría considerar la "evaluación" integral de los sujetos que deciden tener un hijo? Validar su competencia parental, de eso hablo.

Esta postura –lo sé– es incómoda, disruptiva y extrema; además, incluye asumir las consecuencias religiosas, legales, psicológicas, profesionales, de salud, educativas, ambientalistas, políticas que nos rigen como sociedad.[20] Y, por supuesto, consecuencias domésticas. ¿Estamos preparados como humanidad para estos planteos de cuidado del niño, el entorno, el vínculo, el desarrollo integrativo, la presencia amorosa, la vida misma? ¿Seguiremos creyendo en el envión pronatalista, automático, sin vocación, por puro empuje biológico? ¿Nos haremos cargo de los hijos que traemos al mundo, a este mundo, y sus consecuencias psico-emocionales?

---

20 Propongo revisar la función social-predictiva de la libreta de matrimonio (o libreta de familia) que incluye el mandato de procrear, otorgando lugar para inscribir lo esperable.

Alcanza con mirar a conciencia la foto familiar, ¿tuviste todo ese "paquete" de condiciones positivas en tu crecimiento como persona? Listemos: apego seguro, protección, escucha, atención, respeto, cuidado, dedicación, habilitación de la palabra, las emociones y la libertad. Salir de la ceguera propia de la lealtad invisible al clan se impone para responder esta pregunta. No se trata de llevar de la mano al hijo hasta que tenga barba o a la hija hasta que use tacones. Tranquilas chicas. No hablo de dedicar la vida entera, o para siempre, al crío tan anhelado, pero tampoco nos vayamos al otro margen: apurar el trámite de amamantar los tres meses de la licencia y regresar a toda prisa al trabajo para liberarse de los pañales y los berridos del bebé. Huir de aquello tan buscado. Cortar la lactancia. Derivar el cuidado... Ahora está el bebé anhelado en casa, ¿tan rápido saldrán a la vida exterior? El útero extendido (casa-nido-cuna-abrazo) continúa y necesita calor después del corte del cordón umbilical.

Un pequeño esfuerzo más, futuras madres: comprometerse a los "primeros mil días de oro". ¿Están dispuestas/disponibles?, ¿lo ven posible?, ¿tienen apoyo, recursos, ganas?, ¿hay compañero, hay tribu, hay red, hay pasión por maternar?

Recientes investigaciones sostienen que no queda tan claro si la disminución en la tasa de natalidad se debe a cambios en las metas de fertilidad o a la intensificada dificultad de los jóvenes para alcanzar esas metas. El porcentaje de personas que dijeron que no planeaban tener hijos ha aumentado de alrededor del 5-8% en las décadas de 1960 y 1970 al 8-16% en las décadas de 1990 y 2000. Hoy los números rozan el 40%. Pero eso por sí solo no puede explicar la disminución en el número de bebés que nacen.[21]

Las creencias familiares, la voz de las madres (y de las suegras, madres también, al fin), mujeres-producto de un sistema social que las "invitó" a seguir a pie juntillas el guion sin chistar, también graba consecuencias. Sus

21   Benjamin Guzzo, Karen. *The Department of Sociology*. The University of North Carolina. Fuente: Population and Development Review Evolving Fertility Goals and Behaviors in Current U.S. Childbearing Cohorts.
https://www.intramed.net/contenidover.
asp?contenidoid=102974&fuente=inews&uid=1159464&utm_source=inews&utm_medium=inews&utm_campaign=inews

huellas en los sentimientos profundizan la exigencia política, conforman el engranaje fundamental de la transmisión de un objetivo político que repartió los roles: la producción para el varón, la reproducción para la mujer, como la base de la sociedad.

A veces llega ella, sola a consulta, a veces se acerca con él. Traen un pedido de acompañamiento psicológico para tanta angustia por el "fracaso" en la búsqueda de concebir y por la inutilidad de los tratamientos probados hasta el momento. Cuando aparece un diagnóstico médico que dice "algo concreto" (por ejemplo, aspermia, ausencia de semen en la eyaculación; endometriosis, tejido endometrial o del útero que crece por fuera, en ovarios, trompas) son noticias que, curiosamente, tranquilizan. "Ah, ahora comprendo, había una causa", dicen resignados. Les resulta más tolerable que el eslogan: "Todo está bien, sigan probando", como si se tratara de ganar la lotería.

Los casos son tan variados y, sin embargo, los nuclea una misma inquietud. Escuché en infinitas sesiones la misma autopregunta que suena a reproche: "¿Por qué algo tan natural para otros se me hace tan difícil a mí?".

Devuelvo una pregunta, confrontando a "los buscadores" de hijos con una interpelación central: "¿para qué desean un hijo?, ¿es un deseo a cumplir bajo cualquier precio?". Y con esta intervención habilito a cuestionar el mandato hegemónico –la noción de "tan natural"–, así como a revisar las historias familiares, y cómo se tejen en el inconsciente las respuestas que el cuerpo se niega a escenificar.

La terapia, que se presenta como un espacio para procesar el deseo y la "falla" es, además, un tiempo de acompañamiento y sostén para cuestionar urgencias, expectativas, falsas metas; para decidir sobre el propio cuerpo, sobre los límites y los costos que el deseo arrastra tanto a nivel personal como en pareja.

Acompaño a mis pacientes a tomar conciencia observando la trayectoria familiar, analizando sus propias vidas, la elección de pareja, el para qué un hijo ahora... Sostengo el farol en la aventura de explorar otras preguntas que quedaron a la sombra, y les recuerdo que poseen la llave de la libertad para NO responder cuando escuchan preguntas intrusivas; siempre hay ejemplos de malestar cuando en reuniones familiares o entre amigos salta la curiosidad: "¿y ustedes?, ¿para cuándo los niños?".

Incomodidad, gestos tensos, miradas que buscan apoyo en alguien más empático que quien formula su pregunta con tanta impunidad "natural", que ni siquiera se sonroja. Una pregunta de la intimidad y de la propia decisión de pareja, tan única, trascendente y personal, confrontada por una actitud entrometida tan "naturalizada" como si de marcas de fideos o dentífrico se tratara. Pienso si a alguien, por ejemplo, en plena sobremesa de Navidad se le ocurriría preguntar a boca de jarro: "¿y para cuándo el viaje a la Luna, o el ingreso a casa de un oso polar como mascota?", y todo siguiera su curso tan normal entre brindis y castañas.

Cuando consultan para entender la raíz de esta situación que se les niega, en general, ya han recorrido decenas de estrategias "caseras" para embarazarse: calendarios, posturas, viajes exóticos, comprimidos de suplementación de vitamina B12, ácido fólico y omega 3, así como Flores de Bach y Yoga tántrico.

También los acompaño desde otros ángulos a que indaguen en las memorias del clan. Acerco el farol: guío, informo, ayudo a asociar, cuido, doy servicio de escucha amorosa, comprometida, como una "partera" de sueños. Esa actitud hace justicia con el origen de lo que significa "terapia": espacio para que se escuchen. Mi discurso es distinto al que se pregona en el mercadillo científico/tecnológico, que además ofrece cada día nuevas alternativas para lograr el deseo tan anhelado cuando la naturaleza biológica dice NO.

En la otra vereda a la mía ofrecen desde la donación de gametos (óvulos y espermatozoides), tratamiento in vitro, subrogación de útero, congelamiento de embriones, clonación, etc. El cuerpo queda arrasado como un terreno superexplotado cuando los datos médico/"agrícolas" gritan: "infertilidad".

Me conmueve la miopía del sistema de salud para ver al sujeto en su historia. Porque ninguno incluye la posibilidad de explorar más allá de lo que canta una ecografía, una prueba analítica de sangre, un espermograma, un estado del embrión transferido diez días atrás, la práctica de amniocentesis (acto quirúrgico en el que se extrae líquido amniótico) o una histerosalpingografía (radiografía especial en la que se usa un tinte para observar el útero-matriz y las trompas de Falopio). Por eso insistimos tanto en la interconsulta entre médicos y psicólogos

Desde la postura PNIE (psiconeuroinmunoendocrinología) entendemos la transdisciplina como el tejido a integrar: esa es la clave. Respetar al sujeto en su dimensión ecológica, vincular, transgeneracional, espiritual y biológica. Y, obviamente, vocacional.

Tal nuestro mapa.

Yo elijo: me rehúso a reproducir

*En este punto de mi vida diría que no cambiaría
las decisiones que tomé por nada del mundo.*
Elizabeth Gilbert

Los juegos de palabras esconden la promesa de hacer visible lo que no se dice; *lo-sabido-no-dicho*, según formulara Christoper Bollas. Las junturas y separaciones del significante cambian los significados de lo oído/leído. Dependen de la escucha/mirada de cada quien. Son infinitos y –lo reconozco– me gustan, me resuenan, me "aparecen" de modo espontáneo:

Yo elijo/yo, el hijo. Yo me rehúso a re-producir. Yo no me re-uso. (Alguna vez los pensé como posibles títulos para este libro, pero los fui descartando.)

Insisto, no estoy en contra de la maternidad, sino a favor de una toma de conciencia que no fuerce la situación de imposibilidad, allí donde se expresa "algo" que reclama análisis.

Cuando en 2007 leí las memorias de Elizabeth Gilbert –*Comer, rezar, amar*– confirmé un sentir que me era propio: que no cambiaría por nada en el mundo las decisiones adoptadas, aunque el mundo a mi alrededor gritara que era incorrecto. No estaba en mis planes tener hijos. No estaba en mis proyectos tener un cuerpo-artefacto normativo que dicta que antes de los 40 (años más, años menos) se debe atravesar la transformación anatómica-hormonal del embarazo.

Yo tenía decidida esa "monstruosidad" de elegir muchos años antes, a conciencia de que iba contra todo orden. "Lo que me ha dado más gusto/ es ver que, de aquí adelante,/tengo solamente yo/de ser todo mi linaje".

Honro los versos de Sor Juana, su "monstruosidad" (que a unos maravilla y a otros repugna) productiva, literaria, poética, femenina. Muchas otras mujeres se plantaron así ante la Ley, arrojaron palabras/posturas como partos monstruosos, rompieron moldes, pagaron un precio por ello.

DINKS, NoMo, CHILDFREE palabras actuales... El lenguaje buscando su esencia para una vocación que todavía cuesta tragar. Pero la situación no es nueva.

La Historia nos da cuenta de nombres sonoros y, en muchos casos, nos advierte de las injusticias sufridas por aquellas que decidieron tomar esos rumbos "antinaturales" antes de los deconstruidos, sororos e inclusivos tiempos actuales. Cada quien haga su lista. Frida Khalo, Simone de Beauvoir, Hildegarda von Bingen, Juana de Asbaje y muchas más conforman la mía.

En primera persona

> En algún lugar debe haber un basural donde
> están amontonadas las expl'cac'ones.
> Una sola cosa 'nqu'eta en este justo panorama:
> lo que pueda ocurr'r el día en que algu'en
> cons'ga expl'car tamb'én el basural.
> "El destino de las expl'cac'ones" Jul'o Cortázar

En lo personal, sé de lo que hablo... Y no lo digo desde la arrogancia egocéntrica, ni desde mi lugar de profesional de la salud emocional. La reiterativa aclaración es parte del proceso vivido en primera persona: he explicado pacientemente mis razones a todo aquel que quiso averiguar –a veces de forma indiscreta e imprudente– las razones de mi "rareza, egoísmo, infantilización o narcisismo" (hubo otros adjetivos más para señalar mi "des-madre" a las expectativas naturales, que prefiero ahorrárselos a mis amables lectores). También he respondido evasivamente a todo aquel que puso cara de no comprender las razones exóticas que expresaba desde la adolescencia (a los 16 años supe de mi decisión personal dirigida a la no-maternidad).

Fui una *rara avis* entre mis compañeras de bachillerato y seguí sintiendo esa misma obligación de responder a los representantes de la "policía de la maternidad", como dice la socióloga Orna Donath.[22] Yo no formaba parte del esperable grupo que recitaba el repertorio edulcorado del "deseo propio de toda señorita domesticada" en los años '70: la búsqueda eficaz del novio adecuado y la emoción ante las publicidades de pañales, juguetes de peluche y ropita de bebé. Nada de esto entraba en mi horizonte de expectativas. Me emocionaba con el cine, el arte, los viajes y la lectura.

Ya había comprendido que se avecinaba una lucha para hacerme respetar en mi derecho a transgredir el uso político de los sentimientos, el cuerpo y el destino de las mujeres.

Junto a la filósofa francesa Elisabeth Badinter, sostengo que la noción de "instinto maternal" es uno de los mayores engaños que la humanidad viene perpetuando. En contrapartida, aparece el llamado interno, personal, propio y no el urgente/obligado llamado de la sociedad, la pareja, el sistema para cumplir los plazos del reloj biológico y anticiparse a la etiqueta "añosa" como un final de juego.

No estereotipar, no tener la obligación de responder con una frase esperable, no permitir ser tildadas de locas o incompletas, o insuficientemente mujeres por no desear la maternidad. No aceptar la foto de un futuro terrible y una vejez en soledad, como resultado de la fallida elección de no tener hijos.

A ver... ¿quién no conoce a mujeres que teniendo uno o más hijos podrían aplicar en ese abanico de descripción: egoístas, locas, incompletas, insuficientemente mujeres, viejas amargadas y en soledad? Pues si la romantización de la maternidad tuviera la fórmula de la verdad revelada, o si tener hijos ofreciera la receta de "garantía de felicidad", ya se habrían redactado los manuales infalibles para seguir el reglamento. Pero hay muchas maneras de alcanzar la felicidad, aunque desde niñas solo nos cuentan una: jugar a la casita, con muñecas, disciplina lúdica para aprender la tarea de ser mamá.

Aunque hoy las sociedades son más plurales y tolerantes, todavía no alcanza. La presión que siguen sufriendo las mujeres vistas como antisistema

---

22   Donath, Orna. Investigadora de la Universidad israelí Ben Gurión del Néguev y autora de *Madres arrepentidas. Una mirada radical a la maternidad y sus falacias sociales.* (2016). Barcelona. Penguin Random House.

los diferentes lenguajes de la exigencia (más/menos solapadas) que se ejerce sobre ellas para que sean madres a cualquier precio y los métodos que fuerzan lo que Madre Natura no quiere, implica mi compromiso. Y también estar cerca de esas mujeres que sufren por la expectativa mensual/menstrual siempre fallida: el embarazo tan buscado que no llega. Mi tarea es la de ayudarlas a comprender otras esferas del sujeto, que trascienden la posibilidad biológica del acto de la reproducción, y acompañarlas a revisar sus fantasmas.

Indagar con cada una, sus historias, las micro-historias de su clan y las posibles razones que la biología (des)conoce, pero que señala como síntoma contradiciendo la fertilidad.

Mucha agua ha corrido bajo el puente sobre los mandatos del ideal femenino, pero sin embargo, en cuanto a la libertad para elegir la opción de la no-maternidad, seguimos en pañales. Como sociedad, para aceptar la diferencia, estamos en fase "embrionaria". Las mujeres sin hijos son los patitos feos de la comunidad que pretende hacerlas cautivas del mandato social y domesticar sus deseos. No se considera que una vida creativa sea más que procrear, reproducir. Se niegan otras formas de realización. La ceguera institucional repele lo diferente. Otras maneras de crear y producir se corporizan en las mujeres sin hijos, pero hacerlas visibles implica aceptar tempranas heridas. Ser castigadas por desafiantes, inapropiadas, atrevidas contra el sistema hace de estas mujeres unas exiliadas, desterradas, refugiadas sin papeles, ciudadanas de segunda.

La Psicogenealogía y el estudio de los guiones de vida nos despliegan otro paisaje para comprender el doloroso discurso del "no puedo quedar embarazada" y la culpa por "fallar". Desde estos apoyos teóricos y la experiencia profesional, acompaño a saber si realmente esa persona desea tener hijos, mediante una estrategia de oro, el diálogo socrático: "¿Está permitido en tu tribu desafiar el mandato?".

Analizar cuál es la causa de esa "falla/falta" que hoy se plantea como un impedimento para ser madre, interpelar la memoria del propio parto es apenas el comienzo.

La Psicogenealogía ilumina los secretos familiares que impiden la concepción, las escenas traumáticas sin gestionar en el clan, los guiones de vida y los traumas del Proyecto & Sentido que traemos al nacer, así como las matrices perinatales que evocan el propio nacimiento cuando nos pensamos pariendo.

Refuerzo esta idea central: todo aquello que es excluido (eventos traumáticos, hijos extramatrimoniales, idioma, país, religión, ideología, dones artísticos o intelectuales, enfermedades "deshonrosas", elección sexual, incestos, "locos", niños abandonados o no reconocidos, etc.) es llamado a ser re-incluido dos o tres generaciones más tarde.

Existen muchas posibilidades de exclusión: duelos, actos inconfesables, nacimientos ilegítimos, adulterios, suicidios, asesinatos, enfermedades mentales, adicciones. Fenómenos sucedidos varias generaciones atrás pueden ser los bloqueos de la pareja que hoy no concreta su sueño.

Insto a revisar esos nudos existenciales que constituyen los tabúes de un clan, los secretos familiares de ambos linajes.

Otro aspecto fundamental, como ya dije antes, es la pareja como eslabón para la elección inconsciente, los espacios simbólicos y la pregunta central: "¿qué están dispuestos a dar en tiempo/lugar al bebé?". La reflexión consciente sobre la disponibilidad en foco.

Y, fundamental, reforzar una vez más el valor de la psico-bio-educación: la mirada holística, que sostengo desde mis anteriores libros. Allí, los puentes hacia unos afrontamientos más positivos y salutogénicos, capaces de apropiarse de los eventos ganadores y de evolución, con estrategias para salir del personalismo ("¿por qué a mí?") y el propósito de comprendernos desde las cinco dimensiones que propone la psicoterapia integrativa, mi faro en estas reflexiones compartidas.

A cualquier precio, ¡NO!

Multipl'caré en gran manera tus d•l•res y
tus preñeces; c•n d•l•r darás a luz l•s h'j•s.
Génes's 3·16

¿Qu'én c•m• tú, •h Señor, entre l•s d'•ses?
¿Qu'én es c•m• tú, majestu•s• en santidad,
tem'ble p•r tus pr•ezas, hac'end• Imp•s'b'l'dades?
Éxodo 15·11

Una joven mujer, exiliada, queda embarazada. Está en pareja con Nacho, también exiliado. El anuncio del test positivo la inquieta. No se lo cuenta a nadie, ni a su novio, aunque él sí quiere formar una familia y hasta regresar a su patria para dejar atrás una etapa que no da los frutos de progreso tan ansiados. Ella tiene otros planes más ambiciosos y la noticia del hijo llega en un momento inadecuado de crecimiento profesional. Acaba de ingresar a una empresa con futuro. Vive el impacto de saberse embarazada con dudas, disgusto y en soledad. Sus convicciones religiosas le impiden abortar y su conciencia se termina de confirmar cuando el confesor le dice: "El mayor crimen es la sangre derramada de los inocentes". Interrupción del embarazo descartada.

En una jornada de trabajo, los vómitos delatan la situación y su jefa la ayuda. A ella sí le confiesa su estado y admite entre súplicas que no quiere perder el puesto de trabajo.

Esta mujer entra en el juego ambivalente quiero/no quiero. Reunidas ambas con amigos de la jefa (una ginecóloga y un abogado) le proponen a la chica un contrato tan espurio como criminal: la gestante entregará al bebé a cambio de ser cuidada en secreto hasta el momento del parto y recibirá una compensación económica jugosa. La chica exige el doble de dinero y firma el documento. Firma a medias: la tinta de la lapicera se interrumpe y el contrato se da por bueno, aunque el compromiso no queda completo en el consentimiento. Aislada, engañando a su pareja, vive el embarazo en situación de "jaula de oro", la casa-cárcel de su cuidadora. Secuestrada y, a la vez, con todos los cuidados necesarios para entregar a su hijo apenas nazca, dará por madre "biológica" a su jefa. El agobio, los excesivos requerimientos para que el bebé sea "perfecto" (dietas, ejercicios, a la usanza de mejor sangre pura de la propaganda nazi), sometida al silencio, sin comunicación y con la ambivalencia de la duda por lo convenido, la gestante comienza a mirar más allá del conveniente arreglo.

En los meses de encierro y soledad descubre en la casa de su jefa un cuarto secreto y siniestro: el escenario preparado para su hijo, ropa de bebé y juguetes nuevos. A partir de ahí, empieza a ver todo sin maquillaje. La mucama vietnamita (que no habla español) desaparece abruptamente. Nacho, el novio abandonado, comienza a sospechar y va en búsqueda de su pareja, provocando un escandaloso episodio en la empresa.

La jefa pierde la paciencia, enloquece, todo se tuerce y ya no controla el acuerdo. El abultado contrato deja de persuadir a la embarazada que quiere huir de su encierro de cristal.

El novio no llega a rescatarla, es asesinado por la jefa que se anticipa a su proyecto. Nadie es testigo. Es hora de adelantar el parto. Su amiga, la ginecóloga corrupta, prepara la cesárea... Pero la chica no lo hará fácil. Decide terminar con su secuestradora. La ataca hasta matarla con el golpe final: un puntazo con un par de tijeras en el estómago (no corta su cordón con el bebé sino el lazo acordado con su jefa). Escapa, y en el lugar donde yace el cadáver de su novio, rompe bolsa.

Este no es un caso clínico, es el argumento de la película española *La jefa*[23], con final abierto. Pero sí es una perfecta metáfora exacerbada de lo que escucho en las consultas cuando una mujer quiere tener hijos o una pareja trae su caso de "infertilidad", o cuando aparece el dilema (ético-económico-social) sobre avanzar o interrumpir un embarazo. Un repertorio de todos los recursos que se ponen en juego para alcanzar lo que no es posible.

Y en estos casos la terapia no deja finales abiertos. La toma de conciencia y la búsqueda de las razones que exceden el diagnóstico médico de imposibilidad de concebir pueden darnos otro desenlace, más sano, libre de mandatos, consciente de los traumas enterrados en el transgeneracional de la pareja.

La película brinda otras aristas a debatir: el colonialismo, la situación de exilio como desamparo absoluto (la chica nunca habla de su familia, ¿nadie la busca en nueve meses?). Tampoco sabemos mucho de la historia de la jefa que deseó siempre ser madre y no lo pudo conseguir, ni de la biografía de la joven: ¿qué vivieron sus padres durante el embarazo de ella?, ¿cómo fue su parto, su gestación?, ¿qué esperaban sus padres al concebirla?, ¿cómo fue su vida de infancia?, ¿por qué razones se exilia?

Desde estos interrogantes partiremos para analizar y examinar diferentes casos de mujeres que se plantean la maternidad como deseo o como negocio (ya sea para beneficio económico de ellas –subrogar vientres– o del sistema médico "altruista" que le ofrece innumerables caminos hacia la fertilización, a veces tan espurios como el contrato del abogado corrupto y la ginecóloga cómplice del filme citado).

---

23   Película dirigida por Fran Torres (2022). Se puede ver en Netflix.

Por suerte, vivimos tiempos plurales

Maternar siempre es posible, el tema es de qué forma.
Violeta Gorodischer

¿Es posible aceptar el singular de la expresión "una buena madre"? Corren tiempos en los que la sociología, las políticas de género y las prácticas clínicas permiten abrirnos al plural. Oímos: "las familias", "las infancias", "las maternidades", "los cuerpos", "las neoparentalidades", "las parejas".

El rígido sentido monolítico de estas expresiones en singular ha abierto sus límites. Y eso es una buena noticia.

En la serie *Sagrada familia*[24] se exhiben las maternidades en un caleidoscopio de tres caras: Julia/Gloria, Katerina y Blanca.

Vamos a poner una lupa sobre cada una de ellas.

Un tipo de madre es "la escorpiona". El protagónico de Julia/Gloria dice: "no tienen ni idea de lo que es capaz de hacer una madre por un hijo".

Ella es una artista del vidrio, que crea vitrales y recrea el coletazo del escorpión –preciosa metáfora de amor materno– en sus tres características básicas: cola flexible, precisa y llena de veneno. Es la que subroga el vientre para salvar de la frustración a su hijo casado con una jovencita de "matriz infantil". Es madre y abuela a la vez. Dos veces madre. En disputa biológica con la nuera. El desorden del amor en todo su esplendor.

Más "madre" del bebé subrogado que de sus mellizos, involucrados en el crimen de robarse al niño, hijo-nieto al mismo tiempo, hermano y sobrino. Esta madre es capaz de ahogar a su hijo escondiéndolo en el sótano de la casa y de exhibir a su hija como su empleada, en un rol de *au pair* del bebé (así mencionada y no como "niñera". Interesante desplazamiento de la lengua: "a la par"). Una villana de película.

Aparece otro patrón posible, "madre por encargo", que nos permite atisbar unas maternidades de conveniencia: no es más que una metáfora de "las ganancias" que puede arrojar a ciertas mujeres a decidir actuar como madre (el "altruismo" de subrogar su cuerpo para otra mujer, retener

---

24 Serie de televisión española creada por Manolo Caro (2022). Se puede ver en Netflix.

al marido, evitar un despido laboral, tener a quien heredarle la fortuna personal o sentirse más reconocida por tener descendencia). Entre las diferentes formas de interpretar el rol materno aparece esta falsa-madre: Katerina es como un sicario, expresidiaria que asume una gestualidad armada a medida y calza en el grupo de amigas como una "verdadera madre". Pero es un "trabajo" por el que cobrará una millonaria paga. Para dramatizar ese guion alquila a una pequeña bebé que le funge de hija en el grupo de amigas donde se camufla. Para ello le ofrece unos pocos euros a una drogadicta a cambio de unos días de préstamo (de alquiler, cosificando a la bebé) de la niña y usa "el rol" para su provecho personal.

Metáforas de la vida cotidiana que también suceden fuera del formato Netflix. Desafectivizada, impune, violenta, víctima... (¿más villana que Julia/Gloria?, ¿más víctima que Julia/Gloria?).

Citemos al tercer modelito. Discapacitada emocional. Ciega y sorda para aceptar lo que duele, la tremenda manera de asumir la realidad. Blanca es la sacrificada, controladora y autoexigida "madre perfecta": mamá de un niño con síndrome de Down, y no se entera: la negación como recurso.

Su hijo "diferente" funciona de antena que registra todo lo que escapa al radar estándar de las expectativas sociales-familiares (un hijo sano, normal, admirado y poderoso).

Invade una profunda piedad su desmentida en acción, su frustrante tropiezo con la propia negación de la realidad. Victimizada y victimaria a la vez, (¿más que Julia/Gloria, más que Katerina?).

Las tres podrían ser intercambiables: la escorpiona, la falsa y la negadora. Las tres tan humanas que conmueven y repelen: monstruosas. Las tres metáforas de otras emociones para maternar, que combinadas pueden resultar aún más explosivas. Las tres nos interpelan sobre la identidad de esa caja de Pandora que es "la maternidad" en singular. Por suerte, vivimos tiempos plurales.

Madre no hay una sola.
Repertorio plural (e incompleto)

*Aunque hayas tenido la madre más maravillosa
del mundo es posible que, al final, llegues a tener
más de una. ...Y, entre ellas, encontrarás casi todo lo
que necesitas... Las relaciones con todas las madres
serán probablemente de carácter progresivo, pues
la necesidad de guía y de consejo nunca termina.*
Clarissa Pinkola Estés

El llamado "complejo de la madre" es uno de los aspectos esenciales de la psique de una mujer. Cómo, con qué recursos, envuelto en cuál guion internalizamos las niñas a este Otro fundamental. Desde qué raíz habla en nuestros gestos la voz materna, real y biográfica en comunión con la voz del largo linaje femenino que las antecede. Abuelas, bisabuelas y más allá...

Sin embargo, existe la opción de revisar mandatos y guiones y mirar con honestidad la propia decisión. Soltar la mirada monolítica. Abrir el abanico del posible repertorio de "madres".

Reconocerse en la diferencia alivia. Comprender los trazos del telar en la ejecución de la trama alivia. Aceptar ser un extraterrestre en el seno familiar alivia. Siempre que dotemos de sentido lo recibido y aprendamos a escuchar la brújula interna de lo que necesitamos. También es interesante mirar hacia atrás y observar qué pudimos hacer con eso, lo que recibimos, lo que nos negaron, el espacio que nos dieron para elegir...

Espejito, espejito, ¿cuál es tu modelito?

*Tú estás aquí para permitir que el divino propósito
del universo se despliegue. ¡Esa es tu importancia.*
Eckhart Tolle

*Quizá la historia universal es la historia
de unas cuantas metáforas.*
Jorge Luis Borges

No hablaré en este apartado desde la óptica de las llamadas "buenas madres", esas de fuerte temperamento, sacrificadas y postergadas. De ellas dan cuenta el tango y las telenovelas, las valoran en las publicidades y las revistas del corazón; son el modelo del ideal de las abuelas y se llevan el protagonismo en los refranes y cierto cine prealmodovariano.

Citaré una serie de categorías/metáforas que fui organizando, desde un archivo que incluye la escucha empírica de casos, la lectura teórica y las propias conclusiones surgidas de mis investigaciones psicoanalíticas, integrativas, transgeneracionales y sociológicas. Es solo un repertorio posible, incompleto, siempre dinámico, en evolución y transformación, pero ilustrativo de las posiciones que asumen unas mujeres y otras respecto del papel de madre, cuando ejercen la tarea sin misión vocacional, o en ambivalencia, sin conciencia y con sus propias heridas sin resolver.

» Madre Medea

Llamo **madre Medea** a aquellas mujeres que pueden matar a sus hijos. Terrible pero real. Claro que sí sucede. No lo queremos ver, lo rechazamos, nos resulta abominable, pero ocurre a pesar de que la sociedad "se asombre" ante mujeres que gestan y paren, que amamantan y crían... hasta que un día deciden poner fin a la vida que dieron.

El mito arcaico primero, y la tragedia de Eurípides luego, dan cuenta de esta aberración tan natural (y más común de lo que se piensa), que refleja en extremo la condena a muerte de un hijo. Una causa –la del texto griego– se explica como el deseo de venganza por la infidelidad conyugal. Pero no es la única plataforma hacia el abismo de matar a una cría.

A Medea la arrastra una furia devastadora. Una mujer despechada y herida en su honor: "¡Oh niños, cómo habéis perecido por la locura de vuestro padre!", expresa teñida de sangre. Los hijos como instrumento, no como sujetos.

Lo que resulta más revolucionario del texto es que Eurípides la retrata como un ser híbrido, mezcla entre lo humano y lo animal. El dramaturgo resalta la autodeterminación femenina y pone en escena –a un mismo nivel– la fuerza de la pasión (el despecho por sentirse traicionada por su marido) y el amor maternal (hasta el odio de matar). Y esta escena de ferocidad no es solo una obra prestigiosa del teatro clásico. Lo que narra puede estar sucediendo en el apartamento de al lado.

Merece la pena revisar los periódicos o portales digitales de diversos países del mundo; aparece cada día una noticia relacionada con estos crímenes insoportables, intolerables. Y también suceden otros, menos visibles y que no ocupan los titulares de los acontecimientos destacados (no necesariamente las mujeres madres matan a sus hijos de manera "real"). Sabemos que para el inconsciente es lo mismo real, virtual, simbólico e imaginario. Para ejemplo, el caso siguiente:

Pita Amor, seudónimo de la poeta mexicana Guadalupe Amor (1918-2000), considerada precursora de la libertad sexual femenina en su país, musa de artistas y joven controvertida en sus posturas sociales y morales para la época ("mujer de grandes contrastes" dirían los periodistas respetables al referirse a esta aristócrata decadente, desprejuiciada y ácida).

Había nacido en una familia hacendada, venida a menos durante la Revolución. La menor de los siete hijos del matrimonio de Emmanuel Amor Subervielle y Carolina Schmidtlein García Teruel. Educada por las Damas del Sagrado Corazón, siempre fue una niña problemática, rebelde, distinta. ¿Realmente ella era diferente o el ambiente conflictivo del hogar en el cual se desarrolló la tornó tan rara? Asomémonos a ese mundo hostil que evoca en sus versos:

> Y de ese ambiente redondo,
> redondo por negativo,
> mi corazón salió herido
> y mi conciencia turbada.

Se mostró (se exhibió) desnuda, desenfadada, bisexual. Fue aclamada por las elites literarias (Juan Rulfo, Xavier Villaurrutia y su mentor Alfonso Reyes) y pictóricas (Diego Rivera, José Clemente Orozco) de su tiempo. "Sus sonetos fueron perfectos", declaró alguna vez su tía, la también escritora y periodista Elena Poniatowska en su testimonio sobre el filme de la vida de la poeta, presentado en 2015 en el Palacio de Bellas Artes de la Ciudad de México.[25]

Ya en los umbrales de cumplir los 40 años, Pita se embaraza sin mucha convicción por la maternidad, sin disponibilidad emocional, sin vocación. La noticia de la llegada de un hijo desata su ambivalencia de forma iracunda. Su nuevo estado le trae profundas crisis de angustia, nervios y violencia. No quiere repetir la opción del aborto como un par de años antes y

---

25 Sepúlveda Amor, Eduardo, sobrino de la poeta, autor del documental *Pita Amor, señora de la tinta americana*, en coproducción con TV UNAM.

avanza en la gestación. La psicosis creciente le impide hacerse cargo del niño ("tenía miedo/deseo de matarlo"), y es la hermana mayor de Pita quien se ocupará del bebé. Carito, la tía que recibe al niño nacido en guarda, mientras la poeta cursa su puerperio en un psiquiátrico.

Ya con anticipación al parto, Pita se había instalado en una clínica de salud mental para apaciguar las fuertes crisis nerviosas de los meses finales de gravidez. Tampoco aceptó con naturalidad la cesárea (injuriaba a los médicos: "Estoy perforada, agujereada").

El bebé, Manuel, al año y siete meses de vida, muere ahogado en la casa de su tía.

Tiempo después, Pita escribió:

> *Maté yo a mi hijo, bien mío*
> *lo maté al darle la vida*
> *la luna estaba en huida*
> *mi vientre estaba vacío.*
> *Mi pulso destituido*
> *mi sangre invertida*
> *mi conciencia dividida.*
> *Era infernal mi extravío*
> *y me planteé tal dilema*
> *es de teología el tema.*
> *Si a mi hijo hubiera evitado*
> *ya era bestial mi pecado.*
> *Pero yo no lo evité:*
> *vida le di y lo maté".*

Madre soltera, irreverente, en duelo y sin responsabilidad de adulta, transita la primera mitad del siglo XX. Aún le quedaría mucha vida pública y escandalosa por delante. Sobrevivirá a su hijo por 40 años.

Pita Amor muere a los 80 con dolencias respiratorias, hundida en la psicosis; una anciana sola, delirante, deambulando por las calles y hablando con sus fantasmas, enjoyada y pintada como un fantoche, y con una memoria prodigiosa para recitar a Federico García Lorca. (Pero esa es otra historia).

Volvamos al tema. Pita no mató a su hijo. Podemos decir que lo rechazó, que lo abandonó, o que lo dejó al cuidado de su hermana para desentenderse de sus propias obligaciones. Que no pudo hacerse cargo. Y asume la culpa: "vida le di y lo maté". Es una Medea indirecta, brutal en el descuido, en la irresponsabilidad y en la falta de conciencia. Es en estos casos que preguntamos: "¿era necesario tener ese hijo?", ¿para qué traer ese niño al mundo?".

La obra de la psicoanalista Alice Miller ilustra las mil maneras de matar a un hijo "por su propio bien", de tatuar en su piel la frustración y el desamparo, situaciones que el "cuerpo reconoce" en sus diagnósticos sucesivos de enfermedad.[26]

Muchas mujeres son madres Medeas, asesinas simbólicas de su progenie, que causan la muerte sin derramar sangre, que lastiman la singularidad del hijo, que amputan sus derechos y censuran sus decisiones. Las madres que esperan el hijo deseado-modelo, y en la decepción por el resultado, no miden sus actos para "enderezarlos", o no se hacen cargo del descuido a sus necesidades.

¿Conocen a este tipo de mujeres que siendo madres pueden ahogar a sus crías?

Cuando en plena pandemia (agosto del 2020) salió el poemario *Medea*, de la escritora Chantal Maillard[27], advertí lo disruptiva que puede sonar una voz que se alza líricamente para expresar su rechazo a un hecho biológico tan naturalizado como procrear.

"Somos todas nosotras. Esa es la dimensión universal. No se trata de compadecer a un personaje sino de averiguar si es posible compadecer a una especie, la nuestra, que, a conciencia o sin ella, trae al mundo hijos para la muerte. La rebeldía de Medea, en esta lectura, es la de una mujer (extraña, maga, oracular, extranjera y desterrada) que, al final de los siglos, toma conciencia del papel que toda madre desempeña en lo que llamo 'el círculo del hambre', y el poder que tiene de detener la rueda. Pues igual que somos capaces de dar vida también somos capaces de no darla. Dejar de procrear es rebelarse. Es un no a la continuidad del artefacto. Esta no es, por supuesto, una idea destinada a ser recibida con entusiasmo por quienes entienden que dar 'a luz', darle vida a un hijo, es

---

26 Miller, Alice (2015). *Por tu propio bien*, Buenos Aires. Tusquets.

27 Maillard, Chantal, nacida en Bruselas en 1951, residente en Málaga desde 1963 y con la nacionalidad española.

algo maravilloso. ¿Acaso no tienen en cuenta la responsabilidad que supone? ¿Hasta qué punto somos conscientes de que toda vida se sostiene sobre la muerte de otros y que no somos mejores ni más importantes para el planeta que cualquier otra especie? ¿Acaso no nos concierne la dimensión de plaga de nuestra especie? Tal vez la única libertad posible sea la de decidir si queremos aceptar la vida o no. Seguir colaborando con el sistema o rebelarnos contra él. Y esto de dos maneras, la primera con respecto a la propia vida, la segunda con respecto a la continuidad de la especie".[28]

Brutal planteo. Desafiante. Disruptivo. Polémico. Y a la vez, una potente invitación a reflexionar sobre los lugares asignados autoritariamente por la sociedad (mandatos), por la familia (guiones) o el propio sujeto narcisista que cree poderlo todo.

La omnipotencia de algunas mujeres que, siendo artistas y viviendo de forma libre como Pita Amor, o siendo maestra de escuela, enfermera, vendedora de zapatos o administrativa de una empresa no toleran sentirse fuera del paradigma de "completud" biológico-social que le exige cumplir con la fórmula MUJER = MADRE.

Muchas veces me he preguntado frente a casos intolerables de maltrato infantil, descuido, abandono afectivo, ¿para qué han traído a ese niño al mundo?

Esta pregunta me resuena mientras recuerdo uno de los hechos policiales más angustiantes y aberrantes en la Argentina de los últimos tiempo: el caso Lucio Dupuy. Se trata del asesinato –tras innumerables actos de maltrato físico, psicológico, tortura y hasta de hambre e intemperie– de un niño de 5 años, a manos de su progenitora (hoy de 25 años, Magdalena Espósito) y de su pareja (28 años, Abigail Páez). La golpiza final y las convulsiones dieron muerte al chiquito en noviembre de 2022. En febrero de 2023, el juicio las determinó culpables de homicidio triplemente agravado (en la madre por el vínculo y en la pareja por ser la cuidadora) por alevosía, ensañamiento y violencia, más abuso sexual ultrajante y odio de género (para la novia de la madre). Las pericias psicológicas determinaron que ambas asesinas tienen rasgos perversos y que declararon que Lucio

28 https://wmagazin.com/chantal-maillard-dejar-de-procrear-es-rebelarse-es-un-no-a-la-continuidad-del-circulo-del-hambre/

era "un obstáculo en la relación de ellas". Si bien los abuelos paternos y los tíos del menor tuvieron la tenencia los primeros años, la progenitora la solicitó nuevamente para obtener beneficio económico del Estado. El hijo como medio, como instrumento. Ni las ausencias al jardín de infantes fueron advertidas por las maestras, ni las marcas de feroces ataques (moretones, quemaduras, mordeduras, rotura de las falanges de sus manos), ni los gritos que expresaban los alarmantes dibujos de Lucio. Todo falló: escuela, hospitales, justicia. La sociedad toda miró para otro lado. La pareja de asesinas tiene una relación desde 2020. Magdalena se había separado del padre de Lucio, Christian Dupuy, en 2019. Desde la cárcel, las dos mujeres escucharon la sentencia y la progenitora solo atinó a decir: "Al día de hoy sigo sin poder creer lo que le ocurrió". La desmentida en acción.

» Madre cocodrilo

Llamo **madre cocodrilo** a la mujer que tensa la relación con su propia madre y con su hija mujer. La base teórica es de Lacan y en su ensayo sobre el estrago (también nombrado como *ravage* o "devastación") compara al vínculo madre-hija con la inestabilidad de "estar dentro de la boca de un cocodrilo: no se sabe qué mosca puede llegar a picarle de repente y va y cierra la boca". El ejemplo deriva de una condición propia del cocodrilo, este animal lo único que mete en su boca, sin cerrarla, es a sus crías y lo hace para transportarlas de un lugar a otro. Pero, en la mullida lengua, los cocodrilitos siempre están a punto de desaparecer, sometidos a la amenaza de ser engullidos. Con esta metáfora lacaniana se describe el tenso vínculo de amor-hostilidad que puede generar el lazo entre madres e hijas, principalmente. Es decir, una relación de mujer a mujer.

"Estrago" no es sinónimo de filicidio, ni *ravage* es un síntoma a curar: ambas nociones determinan una condición de disparidad fundamental en la relación madre/hija. O expresado de otra manera: para que una madre y una hija sean madre e hija debe haber habido entre ellas una relación devastadora.

Un hallazgo revelador sobre un resentir por el cual (más conscientes o menos enteradas) las mujeres hemos pasado desde el nacimiento y la pubertad hasta tiempos más adultos. Lo atravesamos en el cuerpo y esa tensión nos interpela como hijas, como mujeres y como "deseantes" (o no-deseantes) de cobijar inestablemente a unas crías propias en la lengua cocodrila.

Se instala la pregunta: ¿por qué el deseo de la madre es estragante? Porque la madre también es hija y es mujer. ¿Y qué puede detener el hecho de que las grandes fauces del cocodrilo (la madre) no se cierren abruptamente y nos trague? El psicoanálisis ofrece una metáfora de contrapeso interesante: la presencia del padre que funciona como gran palo (el falo como mediación), que abre las mandíbulas y traba la boca, evitando que los hijos sean devorados por esa fuerza excesiva, no regulada, vorazmente maternal.[29]

Pero no siempre la función paterna se pone en marcha. Y las hijas esquivamos una y otra vez las mordidas maternas, las amenazas de engullimiento, la trampa que atrapa al sujeto en posición de "súbdito".

Las crías son súbditos de un deseo estragante, una ley incontrolada.[30] Esta es precisamente la palabra empleada por Lacan: los hijos sometidos a "las caprichosas moscas" que pueden hacer cerrar la boca que traga. Una ligazón tormentosa entre la niña y la madre (que alguna vez también fue niña respecto de su propia madre, y así subiendo en la genealogía)[31] y que volverá a entrar en escena cuando, a su vez, la niña madure y, siendo adulta, necesite seguir el esquema del artefacto social: hacerse madre.

Freud nos había anoticiado sobre este punto[32]: la relación de una madre con una hija está siempre teñida del hecho de que la madre representa

29 Miller, Jacques-Alain (2005). "El niño entre la mujer y la madre". http://www.revista-virtualia.com/articulos/562/virtualia-13/el-nino-entre-la-mujer-y-la-madre
Ver además: https://www.colibri.udelar.edu.uy/jspui/bitstream/20.500.12008/29293/1/tfg_susan_garcia.pdf; y Zawady, M. (2012). "La clínica del estrago en la relación madre-hija y la forclusión de lo femenino en la estructura". www.revistas.unal.edu.co/index.php/jardin/article/view/36136

30 Lacan, Jacques (1984). "Seminario 5". L'Etourdit. Obras completas. Buenos Aires. Paidós.

31 Freud, Sigmund (1992). "La feminidad". Obras completas. Buenos Aires. Amorrortu.

32 Freud, Sigmund (1992). "Sobre la sexualidad femenina", Obras completas. Buenos Aires, Amorrortu.

un amor que pide exclusividad y no se contenta con fragmentos... es un amor propiamente sin límite, demandas oceánicas de la hija para su madre, incapaz de una satisfacción plena; y, por esta razón, un amor que está condenado a decepcionar y expresar hostilidad.

La decepción por la madre es una posición a la que la niña/la mujer queda ligada si no atraviesa el estrago con la conciencia de la tensión, es decir, lo que Lacan llama quedarse en la hostilidad, "esperar subsistencia de la madre", no soltarse de esa posición de decepción. Semejante a lo que analizara Freud en relación a los primeros matrimonios: ese reclamo insatisfecho como hija lo llevará, como en un segundo tiempo, al reclamo efectuado a la pareja, al primer marido. (Esto quedaría "sanado" en segundas nupcias).

Es interesante revisar las consecuencias de esta ligazón tóxica desde la perspectiva que plantea la psicoanalista Alicia Hartmann[33] sobre los trastornos de alimentación, especialmente en la adolescencia: "La primerísima relación de la niña con la madre puede producir estragos en la relación madre-niña, donde la oralidad como primer vínculo se hace extensiva a un lazo que puede perdurar toda la vida. Allí la sede de las bulimias y las anorexias. Esa madre nutricia queda invalidada". La pregunta que emerge es "¿he sido suficientemente alimentada?".

Aparece bajo la forma de la angustia de ser asesinado o envenenado, o con actitudes destructivas (adicciones, descartar todo lo que se recibe), expresado en vómitos (intolerancia de la leche materna primero y de la comida después), o en reproches, hostilidad, autolaceraciones o eventos de robo (de comida, de dinero), hasta intentos o fantasías de suicidio.

Retomando, el carácter excesivo, insaciable, devorador de la madre produce estrago. Es una fase estructurante del vínculo. Según se gestione será la posición adulta y el propósito más/menos consciente de llevar adelante el deseo de la maternidad. Y, como intensificación del concepto, repito: estrago no quiere decir filicidio, no es un síntoma que debe "curarse", sino una condición de la relación madre/hija; alcanzar un estado de identidad singular implica haber atravesado una relación devastadora, "estragante".

---

33   Hartmann, Alicia (2014). "La identificación en la pubertad y adolescencia", *El malentendido de la estructura*. Buenos Aires. Letra Viva.

Acá, a diferencia de Medea, la madre no asesina al hijo, ahora nos centramos en la conflictiva tramitación del amor-odio de la madre y las hijas. Una tramitación del vínculo en fragmentos que deja a la niña con hambre de más. Lo que aparece es el acoso, la asfixia, la desarmonía, la agresividad, la singularidad de cada una, la desconfianza, el temor al envenenamiento (Blancanieves y la madrastra como metáfora de madre mala), los reproches, el desconocimiento, la decepción por el resentir de falta de exclusividad: "¿quién es esta mujer que es mi madre?".

Atravesar el estrago abarca fases: vivirlo, expresarlo, confrontar, instituir la propia identidad, diferenciándose de la madre. Esta relación devastadora no es sinónimo de una mala relación entre madre e hija, es más bien un hecho estructurante que da cuenta de la imposible armonía de esa relación. Madre e hija deben renunciar a ese ideal de armonía producido por la ilusión de ser iguales simplemente porque ambas son mujeres.

La práctica profesional nos da la oportunidad de revisar estas vivencias a la luz de los conflictos: vemos mujeres que ofrendan un hijo a su propia madre con el anhelo de saldar "la deuda" o calmar la angustia que quedó pendiente en la relación.[34] También vemos madres demandantes al extremo con sus hijas: nada las colma, solo denuncian ingratitud de su hija, son ancianas que siguen sin resolver sus propios estragos de niña y los sobrecargan en su descendencia.

Atravesar ese estrago, asumir el renunciamiento nos orienta en la clínica a acompañar a muchas mujeres que buscan un embarazo que se retrasa, que se niega... Cuando el especialista en fertilidad no halla las razones, el trabajo psicogenealógico puede iluminar los sótanos de un vínculo maltrecho. El inconsciente protege –en muchos casos– la perpetuación de una carga de largo linaje de mujeres sin permiso para ser.

Despejar estos bloqueos, en más de una oportunidad, habilita la deseada posibilidad de embarazarse. "Una mujer que tiene el valor de romper el ciclo de martirio asegura su propia salud y contribuye a que su hija

---

34 "Esta decepción de la niña, por lo que no obtuvo de la madre, lleva a un reclamo que en un segundo tiempo –como Freud advierte– podría ser transferido al hombre, al primer marido. Y allí tendríamos una ruta por la que el hombre toma el relevo del estrago materno, el hombre, como partenaire estrago, hereda ser el blanco de la reivindicación fálica". http://www.revconsecuencias.com.ar/ediciones/003/template.php?file=arts/aplicaciones/alvarez.html

u otros seres queridos hagan lo mismo. La única manera de enseñar a la hija a reconocer y expresar sus necesidades emocionales es hacerlo una misma. Y cuando la hija vea esto tendrá menos probabilidades de llevar la carga de su madre en su vida".[35]

» Madre muerta

Llamo **madre muerta** a la figura internalizada de la ausencia, un vínculo destructivo madre-hijo como respuesta a un duelo no elaborado, derivado de la experiencia de la depresión puerperal, a veces prolongado en el tiempo, que afecta especialmente en etapas tempranas del desarrollo infantil. Se trata de un momento de dependencia absoluta donde la figura materna es garante de su vitalidad, cuidado y sobrevivencia. Cuando ese estado de protección se ve atacado por la interrupción brusca del objeto nutricio que representa la mamá, el hijo asume su lugar de responsable del duelo que ambos han de transitar. Ambos, efectivamente, pues el hijo intentará conservar su vida y al mismo tiempo atacar al objeto que colocó a su madre en situación de duelo.

La teoría de la madre muerta es un concepto propuesto por André Green[36] para explicar un fenómeno de la vida psíquica que no se refiere a la muerte real de la madre, sino a una "ausencia en presencia" materna. Un apego inexistente, congelado, vacío. Una catástrofe para el hijo, que lo deja a la intemperie afectiva y en la absoluta vulnerabilidad ante el dolor psíquico: la desinvestidura del amor. Para Green, esta falta inicial puede promover la búsqueda de la soledad como refugio, así como la activación temprana y forzada de las capacidades intelectuales, de la sublimación y de la fantasía a modo de defensas ante la ausencia y la desesperanza.

Cuando el embarazo se produce en un contexto hostil, violento, sin deseo consciente, sin disponibilidad afectiva, como un medio para algo externo al propio devenir del hijo (que consiga unir a una pareja en crisis o que sea el consuelo de una abuela de salud frágil, o el garante de salud

---

35 Northrup, Christiane (2006). *Madres e hijas*, España. Urano.

36 Green, André (1986). "La madre muerta". *Narcisismo de vida, narcisismo de muerte*, Buenos Aires, Amorrortu.

para un hermano enfermo, por ejemplo), consideramos que hay tierra fértil para un vínculo en duelo, desesperanzado y vulnerable.

"Cuando la madre no cumple su función de sostén surge en su hijo una angustia impensable, portadora de una amenaza de anonadamiento que se traducen en 1) fragmentación del sujeto, 2) vivencia o impresión de caída sin fin, 3) carecimiento de relación con el propio cuerpo, y 4) con la orientación espacio-temporal".[37]

¿Podrá, a su vez, ese hijo proyectarse padre/madre? ¿Cómo ves a tu madre en su ejercicio materno para alojarte, sostenerte, cobijar tus miedos?

En muchas consultas sobre la dificultad para concebir trabajamos este aspecto "prehistórico" en la biografía del sujeto. Algo que ha quedado sin la investidura de amor retorna cuando aparece la posibilidad de la llegada del tercero a la pareja. Y si se vive como amenaza, no hay concepción posible. Urge limpiar esas memorias, observar esos programas y desbloquear los miedos, las amenazas y asfixias sufridas en la primera infancia.

Con Winnicott, invito a pensar en la utilidad de la inhibición de la conducta materna activa cuando aparece desde una zona intrusiva, desconfiada, que interrumpe las necesidades del niño. Sostener lo que él llama "cuidado materno satisfactorio, no advertido" es algo que no muchos adultos pueden recuperar de su foto arcaica en el ambiente compartido con la madre. Así, "estar solo en compañía" es un buen cuidado que constituye la base de la fuerza del yo. Cuando el bebé aprende a "estar solo en compañía", se siente respetado en su evolución. Es cuando nos referimos a una madre capaz de ponerse como telón de fondo de las experiencias del bebé, mediante objetos y espacios transicionales que le enseñen seguridad sin que se angustie por la ausencia física. Algunos hijos atravesaron esta experiencia de "seguro y solo" en un desarrollo exitoso de su personalidad gracias al apego confiable; otros en el extremo opuesto, buscando seguridad en un ambiente discontinuo de certeza ante situaciones que fuerzan una separación temprana, cuando el niño no se siente preparado para la distancia.

Remover estas experiencias, ponerlas a la luz son pasos fundamentales si el diagnóstico expresa: "todo bien, sigan intentando", pues las

---

37 Winnicott, Donald (2002). *Los procesos de maduración y el ambiente facilitador.* Buenos Aires. Paidós.

memorias de los primeros mil días de vida se impregnan como claves que disparan un semáforo de alerta a la hora de reproducir intrusión, desconfianza e inseguridad.

Cuando la histerosalpingografía o el espermograma cantan la feliz noticia en boca del médico: "Resultados perfectos, no habría problemas para embarazarse", pero aun así el embarazo no llega, hay que revisar lo que sabe nuestro inconsciente ("lo sabido no-dicho") y animarse a encontrar la pieza del puzle que tiene algo para comunicar.

Hallar las esquirlas clavadas en la piel de los tiempos precoces de la existencia para poder curar (el agujero de desamparo), limpiar la herida (narcisista) y re-aprender la esperanza (como extremo opuesto al péndulo de la desesperanza).

» Madre ambivalente

Llamo **madre ambivalente** a la posición contradictoria de la madre que oscila entre la humillación (personal) y el amor (por su progenie). Disociada. Herida. Escindida emocionalmente, afectivamente dividida, de actitudes confusas, contrariada en sus logros y fracasos, en batalla con todo lo que lee como "otro" diferente de las propias expectativas porque, en su paradigma, ser "distinta" tiene connotaciones peyorativas.

Aceptar la diferencia, la mácula, la ruptura del pacto social incomoda a propios y ajenos. Es así que la madre ambivalente se contradice todo el tiempo; a veces se siente humillada por la mirada social cuando el producto de sus entrañas no responde al modelo soñado. Son las hijas de madres, a su vez, también con sentimiento de fracaso por una descendencia "fallada". Léase: libre, rebelde, diferente, desobediente, "anormal".[38]

Las hijas de una madre ambivalente carecen de herramientas para autovalidarse, exigir respeto y confiar en sus propias decisiones. Cuando intentan aprender a ser mujer, mirándose en el espejo que ofrece su madre, emerge la duda: hoy eligen procrear y mañana desdeñan sus frutos.

La identidad queda astillada. Para ellas, ser madre implica sufrimiento, dolor, resignación, borradura como sujeto. Otras veces parece que tocan

---

38 Pinkola Estés, Clarissa (2008). *Mujeres que corren con los lobos*. Barcelona. Ediciones B.

el cielo con las manos mientras acarician o duermen con cuentos a los niños. Y el espejo devuelve una imagen doble, sin firmeza, con profundas incertidumbres existenciales.

Acá resulta indispensable recordar el concepto de Wilfred Bion de *reverie* ("ensoñación") de la madre, como la capacidad de contención emocional para acoger las molestias del niño (llanto, malestar) y transformarlas, para ir construyendo el camino de desarrollo y aprendizaje de las experiencias sobre las propias necesidades, la satisfacción, lo confortable y lo displacentero, así como los modos de actuar para resolver esos impulsos. Toda una destreza parental que muchos adultos no consiguen equilibrar en medio de sus ambivalencias: qué dar y qué retirar al bebé que reclama.

Cuando un embarazo se desea y no se logra, además de los chequeos médicos se impone revisar las vivencias de la primera infancia. ¿Cuándo te sentiste amonestada o perseguida por una idea "incómoda" para el clan? ¿Qué imagen de tu madre "trabajando de madre" te viene con más frecuencia a los ojos de la memoria?

Poner en la conciencia el archivo de los eventos sepultados para no sufrir descrédito, destrato, expulsión, así como las situaciones en las que supimos defender las propias ideas, aunque la mirada exterior nos declare "monstruosas", abre nuevos caminos para la búsqueda de un hijo.

Sabemos que sin un adulto capaz de propiciar la adquisición de la capacidad de autorregulación –brindada por el ambiente de tranquilidad y bienestar– el niño no aprenderá cómo recibir, crear, elegir aquello que necesita para calmarse. Las situaciones de malestar generan aprendizaje si hay quien asista y le permita internalizar la función de autosostén y de autorregulación para futuros eventos. De lo contrario, dejan anclada la desconfianza y la amenaza de estrés en situaciones de orden cotidiano. Crecer en el caos (intrauterino/extrauterino), tarde o temprano, exhibe sus consecuencias.

Por eso, en los casos de "infertilidad sin causa" indicamos primero sanar la condición de ser hijo/a de una madre ambivalente (o de una madre de otra tipología), y luego sí, a conciencia, pasar la antorcha desprogramada de la memoria tóxica a las siguientes generaciones. Ese camino empieza con una actitud segura en relación con quién soy y qué quiero para mi vida, sin ambivalencias (o con las mínimas contradicciones posibles). Y ese gran gesto de reconciliación con el Yo, mientras autoriza el ejercicio de la libertad, abre la posibilidad a la entrada de "un-otro" en la pareja.

» Madre adulterada

Parecida a la anterior, pero con un grado mayor de toxicidad, aparece la adulta a medias. Llamo **madre adulterada** a una maternidad falsificada, expresamente guionada para complacer, arbitraria en sus respuestas afectivas, sombría y calculadora –no por "mala" sino porque es madre y niña a la vez–. Inmadura. Bloqueada. Anclada en viejas heridas de falta de reconocimiento nunca tramitadas, nunca gestionadas, que regresan actualizadas en una hija-espejo, que le devuelve su inicial fuego vital apagado tempranamente. Ve en su hija a una "extraña", se siente enjuiciada, señalada, y se derrumba. Puede preferir a la hija muerta antes de ser blanco de las críticas despiadadas de la tribu, la comunidad "bien pensante" que decreta lo que se aprueba y lo que se prohíbe. No tiene energía para aceptar a otro (su hijo) porque ahora empieza a verse como sujeto enjuiciado, y la energía por travestirse la consume en su propia búsqueda de la identidad frustrada.

"Cuando una madre se derrumba psicológicamente significa que ha perdido el sentido de sí misma. Puede ser una malvada madre narcisista que se considera con derecho a ser una niña... Cuando una madre se ve obligada a elegir entre su hijo y la cultura nos encontramos en presencia de una cultura terriblemente cruel y desconsiderada. Una cultura que exige causar daño a una persona para defender sus propios preceptos es verdaderamente una cultura muy enferma... La mujer que tiene una madre derrumbada debe negarse a convertirse en lo mismo".[39]

Así habla la valiente voz de "la mujer que corre con los lobos".

La madre adulterada ha concebido y gestado siendo aún –psíquicamente hablando– niña, ingenua, lastimada y frágil, con heridas arcaicas sin resolver, esperando recibir cuidado y apego seguro, que ahora reclamará a su compañero o a la familia o a la comunidad. Está en actitud de

---

39 Ibídem

espera. Es la no-mimada. Vive hambrienta de una mirada amorosa que no llega nunca y es incapaz de alimentar a la cría. "Sobre todo las madres primerizas llevan dentro no una experta anciana sino una madre niña. Una madre niña puede tener cualquier edad, dieciocho o cuarenta y tantos años, da lo mismo. Todas las madres primerizas son madres niñas al principio".[40]

Decimos esto cuando la presencia de una mujer delata su estado de desconfianza sobre su propia posibilidad de desarrollo. Nuevamente Winnicott, el maestro del apego, nos ofrece una categorización de los hijos que cargan con la consecuencia de adultos adulterados. Merece la pena la extensa cita: "Esto dividirá el mundo de los bebés en dos categorías:

1) Los bebés que no han sido dejados 'caer en la infancia' y cuya creencia en la confiabilidad los lleva hacia la adquisición de una confiabilidad personal... Estos bebés tienen continuidad existencial, conservan la capacidad para avanzar y retroceder y llegan a ser capaces de afrontar todos los riesgos porque están bien asegurados.

2) Los bebés que han sido significativamente 'dejados caer' dentro de una pauta de fallas ambientales, llevan consigo la experiencia de una angustia impensable o arcaica. Saben lo que es estar en un estado de confusión aguda o conocen la agonía de la desintegración. Saben qué significa que se los deje caer, qué significa la caída perpetua o escindirse en la desunión psicosomática. En otras palabras han experimentado un trauma...".[41]

Muchas mujeres son hijas de adultas adulteradas, unas madres-niñas que han vedado el deseo de ser madres ellas mismas, a falta de un modelo de vínculo amoroso, de apego seguro, con la suya. Otras, en el extremo opuesto, serán las madres de sus madres. El lugar del hijo ya estará ocupado por un desorden en el árbol y, por lo tanto, no habrá espacio para un retoño. Ocupadas en hipermaternalismo para todo el mundo, no dejan

---

40 Ibídem

41 https://www.babelpsi.com/imagenes/PDF/econgress_ES.pdf

lugar para sus propios hijos. Y, si llegada cierta edad, se lo propusieran, el embarazo será más dificultoso de alcanzar como meta.

En muchas consultas por "diagnóstico de esterilidad" lo que se aprecia es que hay un mal uso de la energía en dar cuidado y protección, un desbalance que desordena el árbol genealógico por parentalización, que anula el espacio reservado a los que siguen, porque "los anteriores" se quedaron con todo el espacio.

Además, ser adulta requiere la capacidad de "traducir": el bebé no tiene aún el uso de la palabra y la figura materna debería contener las necesidades y aplacar las tensiones provenientes del mundo exterior. Las madres-niñas (emocionalmente hablando) desconocen esa traslación y dejan caer al niño en un estado que Bion denominó "terror sin nombre". Eso es el desamparo por falta de interpretación, un clima familiar hostil y el origen de una falla estructural en la psiquis en relación con la falta de seguridad, amor y apego: causa de futuras ansiedades adultas, comportamientos y patrones tóxicos.

Ser hija de una madre inmadura abre algunas alternativas en este sentido. Ya sea que esta postura con relación a la madre se desarrolle desde conductas en contraluz a lo vivido como hija (si mi madre impidió mi contacto con gente fuera del círculo más cercano a la familia, de adulta elegiré viajar por el mundo recogiendo amigos y experiencias de diversas culturas), ya sea imponiendo "lenguajes de órgano" que, expresando síntomas a nivel de aparato reproductor, gritan con el organismo un "NO se puede", un fracaso rotundo en los tratamientos de fertilidad, que unos tras otros defraudan cada intento. Es, en verdad, la protección del inconsciente en acción.

» Madre invierno

Llamo **madre invierno** a quienes, sin recursos amorosos, sin vocación ni dedicación, sin deleite por los cuidados de un hijo, sin herramientas internas afectivas para ofrecer apego seguro, se colocan en el rol materno.

La frialdad que recibieron de niñas no se derrite naturalmente por hacerse adultas y embarazarse. El congelamiento afectivo impide el desarrollo del lazo, empuja al vacío, entierra la creatividad, renuncia a la vida.

Alguna vez, en tiempos pretéritos, la frialdad (la incapacidad de sentir) le sirvió como mecanismo de autoprotección en medio del caos y el desamor, y hoy, enfrentada a un retoño de su propio cuerpo, el distanciamiento y la extranjería con ese ser ponen a la mujer en guardia. Abre fuego de hielo, da batalla silenciosa por hostil, no puede socorrer a otro porque no aprendió a auto-socorrerse.

Tiene un hijo entre los brazos que se le cae (psíquicamente) porque no puede abrazarlo. Congelados los miembros de la caricia y el refugio, no hay vínculo posible.

El desarrollo saludable requiere de una madre que ofrezca soporte emocional, manejo y asistencia del bebé y soporte físico/porteo seguro. Así, en el calor de lo anímico y de lo orgánico, es decir, con la capacidad de sostener emocionalmente al niño, en todo momento y en todos los estados de impulsividad y necesidad afectiva, sumado a los cuidados para aliviar el cuerpo real del bebé: mirarlo, tocarlo, acariciarlo, expresarle "te quiero, me importas, eres merecedor de todo lo bueno", se descongela la invernal sombra de una madre congelada.

Las hijas de madres anestesiadas de frío emocional, abatidas de intemperie, no ven un horizonte posible para maternar ellas mismas. Clausuran esa posibilidad. Se muestran rígidas, racionales y distantes. Desconocen la temperatura necesaria que desintegra la nieve e inaugura la entrega amorosa. Sus madres las concibieron sin tener conciencia del peso biológico que exige la demanda social; no cuestionaron el amor como condicional o el "instinto" maternal.[42] Se embarazaron sin asumir la responsabilidad implícita. ¿Cómo podían abrigar a su bebé si nadie las abrigó antes a ellas?

Necesariamente debemos hacer otra vez referencia a Winnicott.[43] Por un lado, en su artículo "Desarrollo emocional primitivo" resalta la necesidad de producir la ilusión, y por tanto, la figura de quien se tome el trabajo de traerle al niño el mundo, en forma constante y comprensible, según las necesidades del pequeño, y que responda a la omnipotencia del bebé y le dé sentido, permitiendo la ilusión, para luego ayudarlo a elaborar la desilusión.

---

42 Badinter, Elisabeth (1981). *¿Existe el amor maternal?* Barcelona. Paidós. La autora analiza la maternidad como una construcción histórica; defiende que el amor maternal no es un instinto innato que proviene de una *naturaleza femenina* sino más bien un comportamiento histórico y social que varía según épocas y costumbres.

43 Winnicott, Donald (1979). *Escritos de pediatría y psicoanálisis*, Barcelona, Laia.

Y, por otro lado, su teoría del apego, la que podemos sintetizar en esta clave: se necesita estar en presencia de la madre, que le da seguridad absoluta al hijo, a las llamadas experiencias de satisfacción, "piel a piel", para luego tolerar la soledad con tranquilidad.[44]

Ambos conceptos (objeto transicional adecuado y apego seguro) conforman el perfil de una "madre suficientemente buena". Quienes no recibieron ese sentido estructurante a la frustración y quedaron anclados en el sentimiento de desamparo (apego inseguro, evitativo, ansioso: en todos estos casos se observa que no ha sido construido un espacio interno en el cual el sujeto pueda ser una buena compañía para sí mismo). Esa intemperie que sufrieron de sus madres siendo niñas, seguramente bajará a su descendencia, una o dos generaciones después, con mayor intensidad: la misma problemática traducida en desamor/hostilidad/frío/inseguridad/desconfianza.

Quienes carecen de las condiciones para tejer un apego seguro, confiado y sano no pueden brindar a sus hijos ni *holding*, ni *handling*, es decir: tanto la forma en que toda madre portea al bebé (físicamente contenido y recogido), como la forma en que la madre manipula al bebé, respectivamente.

Lo sabemos por propia experiencia, el contacto con el bebé deja huella. La falta de contacto, también. En ese delicado equilibrio emocional entre el yo (los adultos/cuidadores) y el otro (bebé) se impone la aceptación del hijo como sujeto de su propia existencia y no como objeto de sus padres.

Y como si todo este requerimiento fuese tan sencillo de alcanzar (adultos dispuestos a contener las necesidades del pequeño, así como a tolerar sus diferencias y acompañar sus cambios), Winnicott, además, se refiere a la necesidad de que el ambiente provea al niño de las condiciones mínimas de seguridad, estabilidad y continuidad; esa "rutina" que permite descansar, ordena, satisface y resguarda del caos.

Muchas consultas por la frustrada búsqueda de un embarazo trazan la línea de vida entrecortada en este vínculo primario que se escenifica en la edad adulta como un NO del inconsciente para procrear. Y, en más de una oportunidad, he constatado que cuando la gestación ha sido el producto de un vínculo congelado (sin afectividad ni compromiso amoroso) y se

---

44 https://neurosciencenews.com/genetics-holding-babies-8033/

mantuvo en secreto (es decir, se le ocultó al hijo su origen en el escenario adverso), ese fantasma de lo sabido-no dicho trae una impronta de afectividad cristalizada, petrificada, que puede llevar a dificultades para lograr el buscado embarazo en las subsiguientes generaciones.

La desmentida de la identidad suele aparecer como causa frecuente en las investigaciones psicogenealógicas sobre trastornos en la fecundidad. También la práctica me permite afirmar que, cuando unos padres (tal vez ya ancianos) se habilitan a desbloquear el secreto y narran al hijo, en edad adulta, "lo que sabe sin confirmar", algo se mueve, se compromete, se resignifica y la ansiada concepción se hace posible, si ya no es demasiado tarde... Lo mismo podríamos decir del secreto de filiación y otros desórdenes de origen cuando no se explicita una adopción, o se silencia ser fruto de una violación o de una boda forzada por embarazo que da hijos "prematuros" en la anotación civil para esquivar el deshonor.

Sostener amorosamente a la cría tanto en el útero como fuera ("la matriz extrauterina", como sugirió la psicoanalista Margaret Mahler en1952), expresa una calurosa responsabilidad que las madres congeladas no pueden habilitar.

¿Te ha resonado como familiar algo de estas escenas vinculares con tu madre/con tus hijos? Revisar. Asumir. Y decidir un cambio de timón puede ser la vía correcta hacia aguas más amables.

» Madre *reborn*

Llamo **madre *reborn*** (renacida) a las mujeres que desmienten la falta.

Tanto "deseando" tener hijos sin lograrlo, como aquellas con hijos vivos o muertos (ya sea que se pierden durante el embarazo o mueren en el parto o luego de transcurrido un tiempo), así como las que atraviesan el síndrome de "nido vacío" de modo traumático cuando los hijos dejan la casa familiar, ocupan con la desmentida el espacio del duelo, de la frustración y la pérdida, y en lugar de procesarlo, lo caricaturizan con muñecos en un vínculo hiperrealista/patológico.

Las dificultades de las mujeres para tramitar esta falta, de manera acompañada y saludable, deviene en la "adopción" de unos "hijos *reborn*" en una "guardería" (con este lenguaje se expresan para enunciar de forma desmentida una realidad insoportable: la compra de unos muñecos en una tienda).

El universo *reborn* es cada vez más sofisticado, inquietante y doloroso; se abre camino en un terreno habilitado para que fecunde la fantasía, en quienes no tienen posibilidad de gestionar saludablemente las etapas del duelo.[45]

Como si se tratara de un niño en el momento en que establece el vínculo con su objeto transicional, esa mujer se inventa un hijo también como objeto transicional; como sucede en el bebé –que no llena el vacío dejado por la ausencia, sino que representa una presencia-ausencia–, instaura una zona de ilusión y a la vez recrea un lazo de existencia ficticiamente "real".

Al adquirirlo, le ofrecen un certificado de validación, como un documento de identidad. Lo adoptan con las garantías de salud: le dan las medidas, el peso y su registro de nacimiento con una pulsera identificatoria, como si saliera del hospital. Se escenifica la mentira en una ficción compartida por quien vende y quien compra esa realidad.

Estos muñecos tienen una textura como si fuera de piel humana; también, imán para el chupete; se pueden pellizcar, son blanditos (rellenos de arenas de sílice que le permiten un movimiento suave), y pueden tener facciones de sonrisa, llanto o con ojitos cerrados, como "siempre dormidos". ¡Menú a la carta!

Tan así de "verdadero" se vive el vínculo, que la madre *reborn* le compra ropita, lo asea, le cambia los pañales y le da regularmente el biberón. Elige el sexo del bebé y el nombre que llevará. Lo pasea en carrito por el barrio.

El "hijo" de una madre *reborn* es un objeto transicional portador de las cualidades que la ilusión de la mujer registra como parte de su propia subjetividad.

Resulta interesante entrar a descubrir ese mundo paralelo y conocer algunos testimonios de estas mujeres: "No se va a enfermar ni a morir, no llora ni se queja y aporta solo felicidad a mi vida, me da estabilidad emocional".[46]

---

45   Recomiendo la lectura de Kübler-Ross, Elisabeth (2006). *La rueda de la vida*. Ediciones B.

46   https://www.cuatro.com/conexion-samanta/a-carta/programa-integro-bebes-reborn_18_1932555118.html

(Alarma: ¡no es el hijo quien debe dar estabilidad emocional al adulto!).

Algunas mujeres comparten la afición con su marido y sus hijos biológicos, otras son mujeres solas, también las hay con pareja que acompaña con la misma ilusión de verdad como taponamiento de la herida de no haber conseguido maternar. Como se ve, lo mismo que en otras situaciones familiares, a la hora de abrir el juego a la llegada de un hijo: múltiples modos de armar la pareja, la familia, el vínculo.

Más allá de estas características, que pueden evocar una película de terror, muchos terapeutas los aconsejan en ámbitos de duelo (como un acompañamiento transitorio) o en hogares de ancianos con pacientes que padecen Alzheimer. Muchas son víctimas de duelos irresueltos.[47]

Si la locura se puede definir como una cierta tergiversación de la realidad, como ese intersticio entre la diferencia de lo que pasa y de lo que percibimos o creemos que sucede, "para que sea más tolerable el dolor del desamparo"[48], podemos identificar a muchas mujeres que funcionan como madres *reborn*.

Por su lado, la psicóloga española Pilar Varela[49] sostiene que se vuelcan al mundo *reborn* por tres conductas posibles: coleccionismo, juego y compensación. Y agrega que, en la medida en que se utilice durante un breve período, no se puede patologizar la conducta de quien establece interés por los bebés de vinilo. No obstante, dejo abierta la inquietud con la invitación a ver la película *El niño*[50] en la cual las escenas escalofriantes pueden orientar la etiqueta que sí me permite insistir en el trauma del fenómeno de pérdida o de duelo sin realizar.

En esta película, y en tantas otras series y ficciones, se representa lo más terrorífico de la maternidad. Una sucesión de hechos sangrientos y escalofriantes que nunca perturban tanto como el infinito aullido en mitad

---

47   Para las etapas del duelo ver: Langlois, Doris y Lise (2010). *Psicogenealogía. Cómo transformar la herencia psicológica*, cap. 11, Barcelona. Obelisco.

48   Gutman, Laura (2016). *Qué nos pasó cuando fuimos niños y qué hicimos con eso.* Buenos Aires. Sudamericana.

49   Entrevista (2015). https://www.cuatro.com/conexion-samanta/programastemporada-07/t07xp01-bebes-reborn/pilar-varela-psicologa-los-bebes-reborn-estimulan-emociones-no-patologia_18_1932555142.htm

50   *El niño* (*The boy*) (2016), dirigida por William Brent Bell, con guion de Stacey Menear.

de la noche de un bebé insomne... "Te arrasa la vida, termina con tus relaciones y, cuando te tiene completamente para él, te destruye", dice una anciana en la comedia negra sobre las tiernas criaturas idealizadas: los bebés.[51]

Metáforas extremas, escenas surrealistas, espectáculos de cine, series, televisión, teatro y literatura en las cuales, una vez más, el arte abre la puerta tabú del cajón cerrado para dejar salir los demonios que la sociedad comienza a permitirse develar: un espectáculo de puro terror en torno a ciertos modos de maternidad. Obras que revelan las fuerzas más oscuras, violentas u opresivas y que desmontan las narrativas hegemónicas de lo que debería sentir toda mujer respecto de un hijo.

En mi práctica clínica nunca me he topado con una madre *reborn*, pero sí con mujeres que compensan la frustración de no poder concebir con la crianza de sobrinos, de los que se apropian como si fueran "objetos" o muñecos. Llegan a rivalizar con la madre del niño (su propia hermana o su cuñada) y hasta denuncian en la justicia tratos inadecuados o condiciones de mala convivencia para obtener la tenencia del menor. En varios casos he visto plasmado un cierto acuerdo o pacto: la hermana le entrega a su hijo, cede sus derechos de madre y se desentiende del desarrollo del niño para que la tía que no puede concebir detenga su batalla. A cambio, la madre alcanza nuevamente la libertad de acción y, a la vez, calma las aguas del sistema familiar, dotando de un falso equilibrio los roles y funcionamiento del conjunto.

No debería llamarnos la atención cuando, varias décadas después, ese sujeto escindido entre madre-tía (o madre-abuela), en pleno desamparo y falta de estructura, denuncie infertilidad.

» Madre placenta

La palabra placenta viene del latín y significa pastel, por su forma redonda. La palabra latina viene del griego πλακοῖς, de πλάξ (plax =plano).

Diccionario etimológico

---

51   https://www.elobservador.com.uy/nota/el-lado-oscuro-de-la-maternidad-las-series-peliculas-y-libros-que-exploran-las-dolorosas-verdades-de-ser-madre-202282184710

Es el h'lo conductor que te une con tu
madre y hace de panel de control
del v'entre-buque que te mantiene hasta que naces.

Rob'n L'm

Llamo **madre placenta** a las madres capaces de hacer de su cuerpo cuna, almacén, huerto y abrigo. Capaces de invitar a jugar, deseosas de cuidar, felices de acompañar, acariciar, cantar, abrazar y escuchar. Madres satisfechas y felices como mujeres, como hembras con su pareja. Parece fácil, pero...

Necesité dedicar algunos párrafos a un tipo de madre que englobe a las mujeres con hijos que se perciben felices, sin arrepentimiento, que eligen la maternidad con vocación y son felizmente satisfechas como mujeres, esto es vivir la maternidad de un hijo por el hijo mismo y no un hijo para... (con una finalidad utilitaria; "que me cuide en la vejez", por ejemplo).

Ni madres congeladas, ni Medeas, ni cocodrilos sino conscientes de ofrecer tiempo y espacio sin queja, sin falta, sin miedos. La capacidad de estar disponibles. Sin trasladar las culpas o las faltas propias a la descendencia. Evolucionando como sujeto, en tanto persona, que atraviesa la experiencia de gestar, parir y criar por elección.

Si del otro lado de estas páginas hay quien se registra como madre en esta tonalidad, o evoca sus años de infancia con una madre placenta, ¡a celebrar!

Aún así me permito introducir la duda: antes de estar tan segura de sus idealizaciones, revisemos estas preguntas:

- ¿Fue mi madre (o soy yo como madre) alguien que sostuvo su lugar de mujer libre, consciente, satisfecha?, ¿madre-puente para comunicar que la vida es ejercicio de libertad, habilitadora de la palabra y maestra repostera del gran pastel placentario, esa que enseña un menú de verdaderos nutrientes para crecer y no solo el plato aburrido de puré de calabaza?

- ¿Fue mi madre (o soy yo como madre) esa mujer dispuesta a aceptar las diferencias que vayan apareciendo entre las expectativas sobre el hijo perfecto/sostén/obediente y la realidad del sujeto único que es su retoño?

Todas las madres y todos los hijos tuvimos ese órgano común que nos entrelazó: la placenta. Estas madres tan "perfectas" no existen, pero sí algunos de estos gestos caracterizan a muchas mujeres que hicieron honor al órgano efímero cuyo simbolismo trae tanta ventura. Porque sin placenta la gestación es imposible, porque desde allí surge el cordón umbilical. Y porque las que consiguen expandir por elección la plena conciencia placentaria hacen de la maternidad una fiesta.

Algunas, luego de parir, olvidan este tejido provisorio que compaña a la madre y a la cría todo el embarazo; un verdadero órgano vascular del cual "nos operan" al salir del útero materno. ¡Qué pena! Porque el acto de nacer debería considerarse como in progress, y no el momento que superpone alumbramiento y corte del cordón, dos actos en uno, todo de una vez.

La ciencia deja a las mujeres sin un trozo de su cuerpo al mismo tiempo que se le quita al bebé. Sin graduación para adaptarse, el bebé siente que su transición del espacio líquido al espacio aéreo es forzada, violentada y de brusca separación de la placenta materna.

¡Cuánto más placentera sería la llegada al mundo con nuestra placenta en contacto el mayor tiempo posible!

O lo que en Perinatal llamamos "nacimientos Lotus"[52]: cordón, bebé y placenta intactos, unidos hasta que el cordón se caiga de forma natural al séptimo día, aproximadamente. Respeto por la transición hacia un estado nuevo, tan diferente al de los primeros nueve meses.

La placenta es el clon absoluto de cada sujeto, construida con las mismas características del óvulo y el espermatozoide que dieron vida a un nuevo ser (y por lo tanto, cargado con toda la información genética). Único órgano que pertenece a dos personas: la madre gestante y el bebé. Un producto orgánico rico en hormonas y nutrientes, y sin embargo, considerado como un tejido inerte (por eso, tras el parto, se arroja con otros desechos orgánicos entre los residuos del hospital).

---

52   Lleva ese nombre por una mujer que en los años '70 pidió que no le cortaran el cordón a su bebé al nacer, ella era Clair Lotus Day. Tras el nacimiento, el cordón sigue activo, por eso pulsa, late. El inmediato pinzamiento "corta" más que el fluir de sangre y nutrientes, interrumpe el vínculo.

Las implicancias son mayúsculas y a la vez negadas por la premura de realizar los protocolos de asistencia inmediata al bebé y a la parturienta. Pero se esconde un truco: no en todas las esferas que se mueven como satélites alrededor de los partos funciona así. Muchos laboratorios desarrollan un millonario negocio utilizando las placentas "desechadas" en las maternidades, ávidos para recogerlas y elaborar cremas y otros cosméticos.

Algo va cambiando lentamente y en varios países se recupera la ritualidad acallada por la ciencia y se le ha devuelto a la placenta su enorme valor simbólico, en contrapeso al poder sanitario. Hoy se consume el órgano transitorio en cápsulas o en "sopas" que restauran a la madre tras el trabajo de parto.[53] O se devuelve a la madre tierra, para nutrir el ecosistema.

Los relatos arcaicos de la humanidad dan cuenta de este órgano efímero, gemelo del bebé, intermediario entre la madre y el hijo (que es tanto transporte de nutrientes como casi un "pulmón" para el feto) con simbolismos asombrosos. El corte abrupto descarta el tiempo natural de adaptación, violenta al sujeto desde el inicio de la vida: todos "males" justificados por el higiénico protocolo médico-científico. En muchas familias, el cordón umbilical seco y caído se guarda cuidadosamente en un alhajero (como hiciera mi madre con los ombligos de sus dos hijas).

El 7 de febrero de 2023, Turquía y Siria sufrieron terribles sacudones de tierra. El sismo de magnitud 7.8 y las réplicas que siguieron no disminuyeron la letalidad. Dos semanas después se contabilizaban 40000 muertos. Rescates desesperados entre los escombros. En una casa, en la ciudad de Jindaris, habitada por la madre, el padre y cuatro hijos, una mujer, en medio del terremoto, entra en trabajo de parto. Tras el nacimiento de su hija, la mujer muere. La bebita, aún conectada a su madre muerta por medio del cordón umbilical, logra salvarse. Única sobreviviente de toda la familia. Las crónicas médicas narran que probablemente haya nacido tres horas antes del derrumbe. Que no se cortara el cordón hasta el momento de ser rescatada operó el milagro. Con hematomas, heridas en la espalda y costillas, además de signos de hipotermia, veinticuatro horas después

---

53 La placentofagia es una práctica propia de todos los mamíferos, ya que ingerir la placenta renueva las hormonas y nutrientes que la madre perdió durante la gestación, favorece la lactancia y funciona como "medicamento" a medida pues contiene el mismo ADN de la madre y su hijo.

mejoraba en la incubadora del hospital. Sobrevivió a la tragedia. Este evento ha de quedar grabado celularmente en la niña. Con calor, calcio, cuidados se recuperará fisiológicamente, pero no alcanzamos a dimensionar hoy las heridas profundas que queden en su psique.

Traigo este hecho de la realidad debido a la poderosa función placentaria. Una vez más, las noticias dialogan con las leyendas y mitos que narran con metáforas la maravillosa transformación del gran órgano.

Unos relatos arcaicos nos cuentan que, al nacer la vida en el planeta, el líquido amniótico formó los océanos y la placenta dio origen al Árbol de la Vida. Alrededor del mundo, desde la tradición china hasta los mayas, se replica este saber ancestral que va volviendo a hacerse escuchar en los partos respetados, la recuperación de la *placenta placentera* y el buen nacer.[54]

Como hijas/hijos no pudimos elegir. Como mujeres y hombres sí podemos elegir ser madres y padres. Todos deberíamos ser hijas/hijos de madres placenta, oír la invitación al gran banquete del pastel materno para aprender y transmitir el valor del placer, la placidez, lo apacible, lo plácido, lo placentero...

Ahora es tu turno

Inaugurar las búsquedas pensando en nuestros hijos es comenzar por el fin de la trama.
Antes... tenemos que saber obligatoriamente qué nos ha sucedido cuando nosotros fuimos niños.
Laura Gutman

Decía que no hay una lista completa ni definitiva, y que podrían ingresar a esta galería la "madre medicalizada", la "madre depredadora", la

---

54 https://www.facebook.com/medicinadeplacentachile/?locale=es_LA Y las investigaciones y recomendaciones de la partera de la tradición y doula placentaria Quillen Lonzarich, Nayla. Así como el libro de Lim, Robin (2014). *La placenta, el chakra olvidado.* España. Ob Stare. Y el estudio de Grau, https://nomadias.uchile.cl/index.php/NO/article/view/19967

"madre imprevisible" y más. La tuya. La mía. Todas placentarias biológicamente, mas no todas placenteras...

¿Cuál es tu foto? Combinadas dos o tres tipologías en simultáneo tal vez logres el retrato que hoy serías capaz de diseñar como hija/como madre. Todas diferentes. Y todas actuando con resultados particulares sobre sus hijos, porque cada historia es única, pero también en todas hay algo en común: los marcados tatuajes de heridas arcaicas de abandono, desamor, queja, infantilismo, exigencia desmedida, desvalorización (y más) que dejan en las conformaciones psíquicas de sus hijos. Y, además, porque ellas también son hijas.

Tal vez no identifiques a tu madre (y a tu abuela materna) en ninguna de las metáforas explicadas anteriormente, tal vez armes el puzle con fragmentos de unas y otras, o tal vez puedas sugerirme otro "modelo" para este repertorio arbitrario e incompleto. Te aseguro que bien vale el esfuerzo de identificar el patrón, porque de ahí venimos, y en ese "armado" habita el deseo, la búsqueda, la negación o el logro de cumplir la vocación materna.

Lo que importa ahora es que te veas niña, que registres tu grado de lealtad, aceptando todo lo que provenía de "tu adulta cercana más amada", o sufriendo las consecuencias del colapso emocional, cuyas esquirlas te atraviesan hasta el día de hoy.

- ¿Cuáles fueron tus refugios para sobrevivir?
- ¿Cómo te reinventaste un espacio de paz en medio del caos de tu hogar?
- ¿Cómo te visibilizaste ante tanta opacidad materna?
- ¿Padeciste miedo, descuido, alerta, abandono, silencio cuando necesitaste hacer oír tus necesidades?
- ¿Le dieron crédito a tu palabra cuando denunciaste maltrato en la escuela o abuso en la casa de alguien "confiable" (el padrino, el vecino, el mejor amigo de la familia)?
- ¿Qué relación podrías trazar entre esas emociones y tu actual estado de conciencia frente a la maternidad?

Merece la pena ubicarse en el personaje del explorador: vamos a rastrear, investigar, destapar acontecimientos, remover piedras, sentires, condenas y dinámicas al interior de nuestra vida familiar mientras fuimos niñas.

La propuesta es comenzar a traer al presente los diferentes entornos susceptibles de "amenaza" padecidos en la infancia y que sigues viviendo en el presente (muchos de manera inconsciente). Sabemos que todo lo acontecido en la trayectoria vital es una cascada en dominó hasta la actualidad, y que cualquier cambio en el paradigma implica un movimiento en todo el sistema. La brújula que te ofrezco para esta exploración no tiene respuestas preestablecidas, pero te guiaré con preguntas.

- ¿Te parecía un espacio de "confort" el ejercicio de la maternidad mirada desde tus ojos de niña?
- ¿Imaginaste o soñaste de grande ser una madre como tu mamá?
- ¿Quién y cómo era tu madre antes de que tú nacieras?
- ¿Cuáles eran sus deseos y qué ha pasado con ellos luego de tu nacimiento?
- ¿Qué imagen te viene a la memoria afectiva si te pidiera que nombres a tu madre y su vínculo con su propia madre, tu abuela?
- ¿Estabas más ligada a tu abuela materna que a la paterna?
- ¿Eres portadora de un secreto familiar ligado al origen, los nacimientos, el reconocimiento de un hijo extraconyugal, adopciones o muerte prematura de niños?
- ¿Era la sexualidad un tabú en tu núcleo más íntimo?
- ¿Qué era lo más prohibido?
- ¿Qué vasos comunicantes puedes establecer entre los resultados fallidos para lograr el embarazo y el desequilibrio emocional en la "contabilidad familiar" de la que eres consciente?
- ¿Cuánto crees que te deben tus mayores?
- ¿Cuánto crees que te reclaman?
- ¿A quiénes sientes que le debes tú?
- ¿Te genera culpabilidad?
- ¿Cómo se resolvía en tu tribu la diferencia entre obligación y necesidad?
- ¿Quién sostenía la tensión, proponía castigos y premios según se haya cumplido la orden con obediencia o con desacato?
- ¿Cómo recibían tus mayores los resultados de tu "fecundidad" creativa cuando eras niña o adolescente?

- ¿Te alentaban a crear, te limitaban, te ignoraban?
- ¿Sentiste ambivalencia entre las respuestas de autorización/prohibición?
- ¿Vivías con tonalidad de rigidez, incoherencia, arbitrariedad, absurda el reglamento familiar?
- ¿Estás impulsada a resolver los desastres vinculares de tu clan como si fueras la responsable de los abandonos, intemperies y violencias acumuladas bajo el techo familiar?
- ¿Fuiste la destinataria de "curar" las heridas de tus padres?
- ¿Sentiste que era tu misión solucionar las crisis matrimoniales de ellos?
- ¿Eres un hijo-prolongación de tu padre/madre?
- ¿Tienes registro de una frontera saludable en los roles jugados en el entorno familiar de tu infancia? (Recuerda que hay un delicado equilibrio entre sentirse invadido y sentirse abandonado).

Por último, revisemos el nivel de reconocimiento de los contratos relacionales de tu vida vistos por tu familia:

- ¿Cómo armas tus acuerdos amorosos?
- ¿Es tu pareja reflejo de tu padre o el anverso de él?
- Con la elección de tu pareja, ¿hay más de lo mismo o te permites integrar lo diferente en el árbol?
- ¿Repites moldes?
- ¿La llegada de tu *partenaire* al clan fue conflictiva?
- ¿Lo ven como un "extranjero", un miembro aceptable, o es enjuiciado?
- ¿Cómo formaste tu pareja?
- ¿Te viste sometida a elegir entre tu necesidad y el mandato de tu madre?
- ¿Hiciste la experiencia de aprender a escoger según tus gustos, decisiones y necesidades?
- ¿Quedaste atrapada en el triángulo dramático salvador-víctima-verdugo?
- ¿Qué lugar te tocó ocupar mayormente?
- ¿Te sientes hijo/hija en el rol de "cónyuge" de tus progenitores?

Tuve un caso clínico que ilustra este entramado: Juan, 38 años, era el responsable del impedimento para embarazar a su mujer (diagnóstico: azoospermia). En las sesiones va destejiendo el drama familiar. Sus padres separados bajo el mismo techo, en cuartos diferentes, no alcanzan a divorciarse. El entrecruzamiento de habitaciones y de roles germina en el trauma. A los 15 años, Juan cede su habitación al padre y pasa al dormitorio principal; duerme en la cama junto a su madre hasta los 22 años. Lo narra con naturalidad, argumenta la falta de mayores comodidades en la casa. Silencio. La devolución de sus palabras en mi escucha le hace de espejo. Entonces, recalcula lo dicho. Se permite revisar la situación tan conocida. Cuestiona. Su cuerpo expresa incomodidad. Trabajamos con sus sensaciones corporales. Se quiebra.

Indagamos su genosociograma. Su esposa, doble de su madre por fecha de nacimiento, representa el tabú de incesto. El inconsciente reprime la descendencia, es su mecanismo de defensa. Cuando intervenimos en ese nudo y desligamos lo que quedó mal representado se habilita otra posibilidad. El gran bisturí que corta lo que estaba obstruyendo. Juan y su pareja fueron padres a los dos años de tener estas consultas, de modo natural.

Bien lo sabemos, la historia no podemos cambiarla, pero la mirada sobre lo ocurrido depende de las gafas que nos colocamos para ver esa película... y de la forma que impacta en nosotros. Des-identificarse de los personajes jugados en el seno familiar, inaugurar una apertura de la trampa donde quedamos encerrados, y propiciar la revisión de los eventos transitados puede aclarar esos "focos de alerta" que impiden la concepción de un hijo y que no aparecen en las ecografías.

Ahora es tu tiempo de trabajo interno. Tranquila. Busca un tiempo libre, unas dos horas digamos, y utiliza la película *La hija perdida*[55] como laboratorio personal: ¿está ahí la foto de tu madre/de tu abuela? ¿O es la tuya propia? Sin tapujos, sin máscaras; es hora de la verdad. Acompañada por Leda, un tipo de madre que rompe los códigos, veremos a una mujer que todavía no ha procesado el vínculo con su propia madre y, por eso

---

55 Película del 2021, dirigida por Maggie Gyllenhaal y con la actuación de Olivia Colman, está basada en el libro *La hija oscura*, de la escritora italiana Elena Ferrante.

mismo, persigue el lenguaje escurridizo de comunicación inalcanzable con su propia hija.

Este proceso implica una tarea a conciencia, un trabajo con el propio yo, el camino hacia el alcance de una verdad que no "canta" ninguna prueba de laboratorio o de imagenología médica.

La toma de conciencia implica el compromiso personal de poner en acción la fórmula R.A.C. (reconozco, acepto, cambio) y esto puede ser el comienzo de una nueva perspectiva para afrontar la llegada de un hijo, o la búsqueda fallida de descendencia, o la fuerza para elegir qué hacer, sin presiones. Un camino en esa dirección reclama autoindagarse, reconocer tanto el sujeto que somos como la configuración que armamos sobre la experiencia de pareja entre mamá y papá. En la construcción de la alianza amorosa que atravesamos hoy como adultos se refleja cómo percibimos la díada de la pareja fundante en nuestra existencia hijo/a.

Allá vamos... Pero antes, revisemos otro cuento.

El "cuento" de la maternidad: de las hadas al terror[56]

> *Cuando terminé* Pájaros en la boca *decía muy orgullosa que era un libro sobre los grandes miedos, sobre la muerte y el horror. Pero en las lecturas de los otros descubrí que el gran tema es la maternidad, y la relación entre padres e hijos.*
>
> **Samanta Schweblin**

Las palabras del epígrafe suenan muy esclarecedoras.[57] No nos extraña a quienes hace años nos deleitamos leyendo la obra literaria de Samanta

---

56 Adaptación de un trabajo de investigación que publiqué originalmente en España, en la revista Ómnibus. https://www.omni-bus.com/n48/sites.google.com/site/omnibusrevistainterculturaln48/antologia-narrativa-argentina/articulos-criticos/diana-paris-s-schweblin.html

57 "La literatura es un medio para trazar posibles recorridos hacia los abismos". Una charla con Samanta Schweblin, por Reaño, Paloma (2012, Perú). https://revistabuensalvaje.wordpress.com/2013/11/14/la-literatura-es-un-medio-para-trazar-posibles-recorridos-hacia-los-abismos/

Schweblin y su eficiente impacto de extrañamiento y confusión (a la creadora, las voces de sus lectores le ilumina una zona sobre la que no había considerado al escribir sus ficciones). Igual sucede en el consultorio: los pacientes traen, con sus historias, sus relatos, sus silencios, una valiosa información que ni ellos ni sus terapeutas conocen previamente. La trama se construye en el "entre". Uno de esos engranajes es la escucha terapéutica, que funciona como el mecanismo de escritura/lectura.

En el imaginario colectivo, los cuentos funcionan como alimento y palabra. Nos acunan con cuentos, crecemos con cuentos. Aprendemos a ser adultos con cuentos... Y los releemos e investigamos como artefactos lúdicos, de arriba para abajo, hasta darlos vuelta y descubrir sus secretos ocultos.

Desarmamos y armamos los cuentos según nuestro propio entender.

Comenté la novela *Distancia de rescate* en mi libro *Lecturas que curan* y ofrecí un análisis interpretativo feminista de un clásico de Andersen, "La princesa del guisante", en *Mandatos familiares*. Ahora me centraré en un corpus que retoma un texto clásico, "Almendrita", también de Andersen, y el cuento de Schweblin, "Conservas".[58]

Cada etapa tiene sus textos. En la infancia, los cuentos de hadas nos generaban ansiedad por saber qué pasaría en el punto exacto –el más estresante de la historia– que nos llegaba desde la voz que narraba, mientras se abrían posibles salidas al conflicto: ¿se salvará la princesa, se pinchará el dedo con el huso, abandonará la madrastra a los hermanitos en el bosque, el espejo mágico revelará una verdad inesperada? Pero entonces no aparecían otras cuestiones como la pregunta sobre "la semilla", o el guisante, ni mucho menos las intenciones soterradas debajo de los edredones de la reina madre.

La relectura adulta en clave psicogenealógica habilita otras preguntas, pues la gran diferencia entre los cuentos de hadas y la literatura fantasy, ocurre en el "clímax" siniestro de la normalidad que exhibe la literatura fantástica. En el cuento "Conservas" leemos una versión del embarazo. Esta "definición" se completa en una entrevista a la autora, en la cual se desarrolla el retrato poco "oficial" del discurso materno y del discurso del cuerpo.[59]

---

58 Enlace para leer el cuento completo: https://www.pagina12.com.ar/diario/verano12/subnotas/188298-57939-2012-02-25.html

59 Schweblin, Samanta (2008), *Pájaros en la boca*. Y declaraciones en Samanta Schweblin, https://espanol.radio.cz/la-reina-del-cuento-fantastico-argentino-se-presenta-en-la-

Dice Schweblin en esa charla ofrecida en Praga: "Es el lado más animal de lo familiar, un lado muy bestial, no es un domingo en familia. Está el tema de la maternidad o de lo horroroso que podría ser un hijo".

En los cuentos de la autora argentina el concepto freudiano de "ominoso" calza en toda su dimensión: aquello que siendo confiable, seguro, confortable y conocido –como la propia familia, el propio cuerpo y la propia casa– configuran los vínculos y los espacios más terroríficos de un sujeto.

Los relatos en torno al embarazo y los correlatos de las voces familiares sobre la llegada de un bebé ponen en cuestión la posibilidad de elegir cuándo disponer del propio cuerpo para la reproducción. Pero, en "Conservas", un evento disruptivo ofrece otro modo de vincularidad de la pareja y la inclusión de un hijo.

La noción de "ser madre" no aparece representada en este texto como un guion fijo, obligado, determinado por la fisiología. Como ejemplo vaya una expresión de la autora en este cuento, que desnaturaliza que "lo normal" de una mujer sea llevar un embarazo. Aquí la voz de la protagonista: "Me toco la panza. Es una panza normal, una panza como la de cualquier mujer, quiero decir que no es una panza de embarazada".

En una entrevista, la propia autora ofrece pistas en este sentido para no dejar pasar por alto el cruce entre autobiografía/escritura/transformación textual del corpus integrado en su biblioteca interna: "A mis ocho años tenía un novio que se llamaba Sergio. Un novio de verdad, de esos que se ocupan de que uno no se olvide el abrigo en el aula y, si cree que no prestaste atención cuando la maestra dictó sus consignas, llama a tu mamá por teléfono para pasarle la tarea. Así era Sergio. Estaba a cargo de nuestra relación, con todo el peso que eso supondría para un chico de esa edad. Así que un día en el que estábamos en su cuarto jugando al *Out Run* dijo que tenía que decirme algo, y como lo dijo muy serio, dejé el joystick a un lado e intenté prestar atención. Dijo que quería que tuviéramos un hijo. Que había estado averiguando cómo se hacía y que quería que yo hiciera también mi parte. Abrió su puño, que hasta entonces tuvo cerrado entre los dos. Tenía en la palma una semilla de naranja y dijo que, si yo tragaba esa "semilla de padre", la semilla crecería en mi "estómago de madre" y un tiempo después nacería el bebé. Empecé a escribir "Conservas" veintitrés años después. Supe el final desde la primera línea, pero en ningún momento pensé que estas historias podrían estar relacionadas. Me había olvidado del asunto de Sergio y su semilla de naranja, y fue solo durante el proceso de escritura, llegando ya hacia el final de la historia, que recordé la anécdota y supe con precisión desde qué lugar tan lejano venían los miedos, las angustias y los monstruos que una supuesta maternidad a los ocho años habían disparado en mi cabeza... Hay como dos grandes miedos en muchos cuentos: el de las mujeres que no son madres a ser madres, y los miedos de los hijos hacia las madres [...] Obviamente hay cuestiones autobiográficas muy disfrazadas".[60]

El lugar de las semillas en el imaginario (cuerpo/madre-tierra) y el "cuento de la semillita" para explicar a los niños la llegada de un bebé tienen larga data. Y –qué duda cabe– Schweblin conoce el viejo cuento de hadas "Almendrita", se lo apropia y lo transforma en otro tono: modo siniestro.

Recordemos la escena fundante del cuento de Andersen: "Una viejita muy pobre y muy buena se encontraba sola en el mundo, pues se le habían muerto todos los parientes. Como ya no estaba en edad para casarse, le preguntó a una hechicera cómo tendría que hacer para conseguir una niña que la reconociese como madre. Y la hechicera le contestó: "Aquí tienes un grano de cebada. Es de una clase especial que nada tiene que ver con la que cosechan nuestros agricultores. Siémbralo en una maceta de flores y verás lo que sale...".

Si en "Almendrita", la anciana desea ser madre aún de una niña tan pequeña como una almendra (y las hadas se lo conceden), en "Conservas" esa semilla tiene nombre ("Teresita") y es escupida por la madre para conservarla hasta que el momento de asumir el nuevo rol sea propicio: "Entonces siento algo pequeño, del tamaño de una almendra. Lo acomodo sobre la lengua, es frágil. Sé lo que tengo que hacer, pero no puedo hacerlo. Es una sensación inconfundible que guardaré hasta dentro de algunos años. Miro a Manuel, que parece aceptar el tiempo que necesito. Ella nos esperará, pienso. Ella estará bien, hasta el momento indicado. Entonces Manuel me acerca el vaso de conservación, y al fin, suavemente, la escupo".

---

60 Schweblin, Samanta. Página/12 http://laventana.casa.cult.cu/modules

En este cuento todavía hay un destino posible para Teresita, la niña en gestación que, guardada en un frasco (como una germinación, sin criopreservación), hace las veces de aborto terapéutico con el consentimiento de la pareja (Manuel) y con el seguimiento profesional del médico (el doctor Weisman).

El tratamiento para ir al revés de las agujas del reloj y conseguir que se anule el embarazo exhibe situaciones idílicas: descanso, respiración consciente, sensación purificadora, contacto con el césped del jardín, "cuarentena" de familiares cargosos que solamente piensan en la llegada del nuevo integrante del clan, compromiso compartido en total acuerdo con Manuel, tiempo que gira kafkianamente para alcanzar la liberación del cuerpo femenino: soltar la semilla. Escupirla para conservarla.

Retomaré esta metáfora maternal-agrícola, "la semilla", cuando desarrollemos las técnicas de reproducción asistida. Y ofreceré un ejercicio para construir un "almácigo".

Ahora, regresemos a la pareja.

AMOROSAMENTE: LA PAREJA

LOS PROGRAMAS HEREDADOS

Para "fabricar" un hijo se necesitan dos

All you need 's love
(Todo lo que neces'tas es amor)
The Beatles

Freud, ese posromántico,
fue el pr'mero en hacer del amor, una cura.
Jul'a Kr'steva

Si el útero materno es la primera casa y la casa familiar es la primera escuela, la pareja es la asignatura más compleja para saber quién soy, qué se espera de mí y qué deseo yo del mundo.

Lo que nos atrae verdaderamente de la otra persona son esas características que no tenemos nosotros; complementariedad que, como es dinámica, debe afrontar cada vez nuevos re-descubrimientos (ayer nos apasionaba cierta característica y hoy nos fastidia).

Etapas de la relación, necesario pasaje del cielo a la tierra: para que se afiance, para consolidar la relación hay marchas y contramarchas. Es preciso trabajar estos desajustes para superar aquello que interpretamos como adversidad y colaborar en la maduración del vínculo.

Salir del ideal del amor, al amor de verdad. El cotidiano, el del vínculo comprometido, el afianzamiento de la relación reclama tiempo.

Uno de los saltos cuánticos en la pareja es la idea/deseo de pasar del dos-al-tres.

El "programa" de no tener hijos responde a vivencias sin elaborar en el árbol, ligadas a mucho sufrimiento por la pérdida de recién nacidos, abortos, abusos o resignificación de los roles hijo/madre/padre en el interior de una pareja. En estos casos surge lo que Vincent de Gaulejac llama *impasse* genealógico: se detiene ese linaje, se "aborta" la posibilidad de nuevas ramas, se interrumpe la transmisión familiar. El sujeto se siente acorralado entre la exigencia ancestral y el propio rechazo a ese mismo reclamo de lealtad. En esta doble tensión aparece el diagnóstico de imposibilidad. Deconstruirlo es parte de la tarea terapéutica.

Sin embargo, muchas veces el requerimiento del inconsciente se desoye, y ante un diagnóstico de "infertilidad" se recurre a tratamientos cada vez más sofisticados (deshumanizados) para conseguir descendencia. En esa contrariedad, reclamo familiar-deseo personal se juega un *double bind* o disyuntiva existencial: ser/no ser madre o padre. En estas ocasiones lo que vemos es una falla en la comunicación, un anhelo distorsionado que puja por ser comprendido, pero que se expresa con los jeroglíficos de los traumas sin resolver en las generaciones anteriores.

En otros casos la pareja no va a la par: él quiere y ella no, ella desea y él no acompaña; el hijo es el objeto en cuestión. Así como otras esferas de la vida de relación se pueden negociar (horarios de trabajo, salidas individuales, desarrollo profesional) respetando los ritmos y deseos de cada uno, no ocurre lo mismo con el sí/no del proyecto de tener hijos. No se puede ceder un poco y retroceder. Ser madre-padre es para toda la vida. Más allá de los nuevos conceptos en torno del "arrepentimiento", como ha investigado Orna Donath, el desacuerdo de origen solo augura hijos con más de un obstáculo para superar.

Invito a mis pacientes a revisar esos eventos arcaicos para ponerlos en la conciencia y sanar los traumas del pasado. En mi experiencia, y según los casos siempre únicos y particulares, he visto cómo, cuando se "fuerza" la concepción, se reavivan las heridas sin tramitar en el pasado. La mirada retrospectiva (de dónde venimos) habilita la pregunta a la noción de identidad: ¿quién soy?

Para entrar en este territorio opaco (no sé lo que deseo, o lo que deseo no lo consigo), les recomiendo a mis consultantes echar luz respondiendo un cuestionario que incluye estas averiguaciones. Y les solicito que escriban las respuestas a mano:

- ¿Para qué quiero ser madre?
- ¿Cómo cambiará mi vida si tengo un bebé en el próximo año? ¿Y si ocurre en los siguientes cinco?
- ¿Me veo madre sola o creo que es indispensable contar con el apoyo de un padre para mi hijo?

- ¿Hay algo en mi vida que necesite cambiar antes de sentirme lista para tener un bebé?
- ¿Qué creo que se necesita para ser una buena madre?
- ¿Espero recibir apoyo de mi familia para la crianza?
- ¿Qué pasaría si no logro el deseado embarazo?
- ¿Cómo me siento cuando acepto la imposibilidad de ser madre?
- ¿La presión externa puede estar afectando lo que siento?
- ¿Cómo te definirías: hijo deseado, buscado, llave de escape de la casa familiar de uno de tus progenitores, accidente, "de enganche", o para "salvar" la crisis matrimonial de tus padres o la honra social de la familia?

La pareja como "respuesta" al árbol genealógico

El deseo es el deseo del otro.
Jacques Lacan

Antes, mucho antes de que nosotros nos consideremos protagonistas de la escena amorosa, se encontraron en un recodo del camino vital Edipo y Yocasta, Romeo y Julieta, Eros y Psique, Dante y Beatrice, Diego Rivera y Frida Kahlo. También las parejas emblemáticas del cine, las que aparecen en las letras de las canciones románticas, los personajes de la política y la cultura, los nombres de la Biblia y la infinita galería de casos clínicos que nos aportan un repertorio humano con singulares matices.

¿Qué criterios conscientes evaluamos a la hora de escoger una pareja y qué improntas inconscientes aparecen en esa elección? ¿Qué "definición" de pareja incorporamos observando a mamá y a papá siendo niños? ¿Cómo leemos de adultos las contradicciones que vivimos en la infancia observando la pareja de los abuelos? ¿Cómo resolvimos nuestras elecciones en comparación con ese espejo que es la familia? Como hijos, heredamos las ambivalencias que atravesaron nuestros padres y abuelos en sus parejas. Si en nuestra familia de origen se criticó un estilo de vida informal, libre, creativa, porque se evaluaron esas características como condiciones en detrimento del orden, la seguridad y la estabilidad económica, quizá busquemos parejas que hagan eco en las creencias familiares a fin de sostener la lealtad al clan. Sumaremos más de lo mismo o compensaremos las carencias sufridas.

¿Soy hijo producto de un abuso, de la exclusión, de la inmigración forzada? ¿Cómo se reflejan esos traumas en mi elección de pareja? ¿Busco hombres "ocupados" para escapar al compromiso? ¿Mis padres apenas tuvieron un encuentro furtivo y extramatrimonial? ¿Me resultan más apetecibles los casados porque vuelven a ubicarme por fuera de la norma?

Cuando se toma conciencia de las pautas que rigen el universo amoroso (en espejo con las expectativas de los mayores), se podrán revisar los vínculos que una y otra vez repiten el modelo: los encuentros-obstáculos para seguir tropezando con las mismas piedras. Ver, reconocer y asumir el origen de tales situaciones, y por fin, cambiar o transformar o renunciar a ser "agradables" para la foto familiar esperada. Menuda tarea.

La pareja cristaliza alguno de estos polos del péndulo: repetir el programa familiar o reparar las heridas de ese programa.

Elegir un-otro implica una serie de trayectos internos en libertad. Para hacer uso de esa libertad es preciso poner conciencia a lo vivido, a lo experimentado como hijos, haber saldado deudas de lo recibido, habernos animado a expresar la diferencia, y aún así, la gran alforja que heredamos no terminamos de vaciarla nunca en el vertedero de residuos vinculares. Cada tanto aparece algún vestigio de lo que era la "norma" para mi familia: una actitud, una respuesta, un comportamiento que, aunque hace ruido, insiste en tomar su lugar para tener la certeza de seguir perteneciendo al clan de origen. Una fantasía gobierna este mecanismo: "aunque me vaya de la casa, sigo estando allí, sigo perteneciendo a esa tribu".

La violencia de género, las enfermedades, el abandono, las muertes tempranas, las injusticias, la deshonra, los abusos, la marginalidad y otras situaciones de adversidad reaparecen repetidamente en los intentos de consolidar una pareja. Así, dos se encuentran con la misión de restaurar el orden perdido en su árbol hace décadas... ¡o siglos!

¿Qué programas heredé de mis ancestros para vincularme? ¿Qué imágenes y roles de lo que significa "ser mujer"/"ser hombre" se transmitieron en mi familia? ¿Qué deudas continúo respetando por fidelidad, aunque las considere obsoletas? ¿Nunca tendré suerte en el amor porque en mi clan todos son desdichados? ¿Qué foto de infancia reúne amorosamente a mis progenitores?

Desde la Psicogenealogía, trabajamos esta noción de "pareja condicionada": no hay azar ni casualidad tiempo-espacio, no fue el hallazgo en esa fiesta en la cual se percibió esa mirada, ni la admiración que sintieron él y ella al verse por primera vez, ni la silueta escultural ni la cabellera libre y al viento... Las historias de pareja están íntimamente relacionadas con nuestra historia familiar. La Psicogenealogía indaga en "los porqués" secretos que actúan en la formación/consolidación/ruptura de un vínculo amoroso.

Cuando el "miedo al amor" se torna el resultado de un conflicto que se reproduce como un patrón, aunque cambie la persona, habremos de mirar en nuestro árbol: "¿por qué fue peligroso amar/ser amado en mi linaje?".

Si hubo separaciones por un amor controvertido (Romeo y Julieta son el paradigma), si hubo exilios y rupturas vinculares, si la llegada del diferente (por etnia, religión, elección de género, estatus social, idioma, enfermedad congénita) supuso incomodidad en las relaciones familiares, el amor en pareja se inscribirá en el Libro de Prohibiciones.

¿Dónde está el "extranjero" de la familia? Si se ha ocultado con identidad falsa, si se ha borrado del conjunto por deshonra o vergüenza, en las nuevas generaciones se irá a buscar ese miembro silenciado, viajando a otro continente, frecuentando ámbitos de diversidad cultural. Lo mismo si el excluido es un loco, un adicto, una "oveja negra", un ludópata o un criminal.

La construcción de a dos se debilita o pasa a ser un interdicto. La pareja es vista como objeto de "fracaso". Entonces, se elegirá el celibato o la vida religiosa como vías de escape al conflicto que la memoria lee en las relaciones de pareja. Si la creencia del clan es "la obligación de cuidar a los más ancianos sobre cualquier otro compromiso", alguien se sacrificará para quedarse a "vestir santos"; lleva desde siempre colgado en su sombrero el cartel de "soltero para toda la vida".

En el estudio del transgeneracional, se indagan los miedos y conflictos que ambos traen de sus propios linajes de origen al vínculo que los une. A veces se intenta la relación, pero se niega la descendencia. Ya sea "quererse como hermanos" (muy cercanos en el trato, pero sin sexo) o "llevarse como perro y gato", pero sin poder separarse. ¿Y por qué se han elegido? Tal vez porque ambos han decidido copiar el modelo original, o sostener la fidelidad a las expectativas, o mantener la misma condición económica o cultural sin dar lugar a los sentimientos, o, tal vez, ambos necesitan interrumpir los frutos de sus respectivos árboles; en tales casos, no tener hijos también es un "programa posible" de reparación.

Por eso, no conseguir pareja, o sostener un vínculo sin compromiso, así como nunca consolidar la relación que se tiene desde hace años, implica un temor a concebir: es una amenaza encubierta que se desactiva con formas menos afianzadas en el vínculo. Puede haber relaciones casuales, o clandestinas (porque consideran que fuera de la norma no habrá proyecto de tener hijos); son diversas estrategias del inconsciente para evitar un embarazo. A veces, falla...

En esa respuesta se ponen en juego los roles aprendidos, la autoestima, la victimización y los acontecimientos que narran "la novela familiar".

Si miras la película de tu infancia: ¿cómo aparecen tus padres?, ¿se dan la mano al caminar, se abrazan o se besan en tu presencia?, ¿hay falsedad visible de las puertas para adentro? (A veces las familias dan una imagen de "perfecta", pero los adultos no comen en la misma mesa, ni los padres duermen en el mismo cuarto).

Desactivar ese programa es el primer paso para pensar-se en pareja, y proyectarse ejerciendo mapaternidad responsable.

Lo que yo necesito...

El que abraza a una mujer es Adán. La mujer es Eva.
Todo sucede por primera vez.
Jorge Luis Borges

"Y un día lo miro y lo veo como un extraño... Venimos luchando más por ganar territorio que por hacer acuerdos y respetar contratos. De pronto, ya no lo reconozco, ya no me reconoce. ¿Cuándo se produjo este abismo?".

La pareja es el "extranjero familiar" que ingresa a mi árbol por la ventana. No tiene mi sangre, viene de otro linaje y constituye mi par. Sostener la paridad en la diferencia es el gran desafío para construir ese vínculo. Pero no es nada fácil. Hay amores que matan (son los bulímicos afectivos que tragan al otro y lo despersonalizan), hay hombres de mil amores (los donjuanes eternos sin capacidad de compromiso), hay gimnastas narcisistas (mujeres manipuladoras para ser siempre centro y no par a par).

El amor siempre fue un juego de fuerzas encontradas y desencontradas. Lo que tengo y lo que me falta. Un perfecto "ajuar" (del árabe, almacén): ¿qué tiene ella que no hubo en mi familia? ¿Qué aporta él que nunca viví en mi tribu? ¿Cuánto confío en el otro? ¿Llevamos economías separadas? ¿Cometemos "infidelidad financiera" (uno u otro no sabe sobre las decisiones y uso del dinero común) o "endogamia financiera" (uno u otro quita recursos de la pareja para entregar a su propio clan de origen) o incesto territorial (vivimos en la casa de los abuelos, el barrio de los padres)?

La pareja es una experiencia que reescribe huellas tempranas de afecto, validación, confianza, cuidado, desarrollo, respeto.

"Pareja" es un término que viene del latín y significa "semejantes", "iguales", "en partes equivalentes". Así, una pareja es el vínculo de dos, semejantes, que van a la par. Es decir, al mismo tiempo. ¿Cuántas "parejas" pueden dar cuenta de esta significación? ¿Estoy dispuesto a esperar para ir a la par de mi compañero? ¿Qué me permito y qué no tolero de la relación? ¿En cuántos aspectos siento que va "cada uno por su lado"? ¿Consideras que ir a la par desfigura al individuo hasta la simbiosis? Revisa si estas respuestas que alcanzas a cada interrogante aplican a tu pareja de la adolescencia, a la más madura o a la presente. ¿Hubo cambios?

Comenzar una relación de pareja sin dilucidar previamente estos asuntos personales deja a media marcha la conciencia ampliada que todo vínculo sano necesita.

Es común ver en consulta esta demanda por parte de la pareja: "no nos escuchamos", "somos dos extraños", "ya no hablamos ciertos temas", "hace tanto que dejamos de compartir afinidades". Hay parejas de todas las gamas, en las cuales predomina la solicitación de asistencia, el apego, la imploración infantil, la solidaridad, el compañerismo ante el temor exterior, el vínculo de atracción predominantemente sexual, el sacrificio, la seguridad económico-social, etc. Cada integrante arma su menú, su ajuar, su manera de revisitar la propia identidad.

Y en particular, si nos centramos en el proyecto de un hijo, la pareja debe poner en su eje más consciente la dimensión de lo que están dispuestos a compartir. La cooperación hace posible que dos deseos reunidos hagan de un proyecto en común, un objetivo con sentido de unión y apoyo mutuo.

En el "almacén" de la pareja está lo que hay, lo que trae, lo que posee, y también el vacío de lo que no desarrollamos en nuestro clan de base. Al elegir reparamos el déficit de origen: la pareja funciona como un lenguaje que –ya sea más visible o menos expuesto– abre las puertas de su propio "almacén".

Según ofrezca su tesoro y resuene en el otro lo más personal (lo más conocido) o el desafío de lo novedoso ("si en mi casa no se hablaba en la mesa, ahora experimento en la familia de mi compañero comidas con gente que cuenta historias, se ríe y promueve el intercambio"). En la pareja se complementan los ajuares armoniosamente, en un frágil equilibrio entre la renuncia al origen y la suma de diferencias, o entre la renuncia a lo desconocido a favor de una lealtad familiar.

Otro ejemplo: si mi padre era viajante de comercio y sus ausencias prolongadas, así como las reiteradas mudanzas y cambio de amigos, barrio, club y escuela imprimieron modos de concebir la realidad, ya podría ser un espíritu curioso y siempre feliz de renovar el paisaje, o un malestar en el desarrollo de las etapas familiares por tanto cambio y falta de certezas. Dependiendo de ese sentir buscaré un hombre de oficio sedentario para tranquilizar el viejo temor a las sorpresas, para no volver a pasar por la intemperie que me significó la falta de raíces, o reviviré el modelo de "hoy aquí, mañana allá" porque la incertidumbre no será un conflicto.

En cualquier caso, nada es tan matemático. Una pareja que ofrece estabilidad, tal vez al cabo de un tiempo de relación, pierde lo que al principio fue confortable y puede tornarse asfixiante. Si esa mujer que lleva en su alma la semilla de una andariega, una curiosa, una exploradora ha heredado y vivido en situación familiar el "todo es dinámico, y hoy es hoy, mañana ya veremos", y ahora su pareja le da la "seguridad" que brinda una vida sin mudanzas en el horizonte, ¿cómo lo percibe desde este prisma que transforma lo conocido y natural de su infancia? Esta viñeta permite observar las diferentes reacciones vividas por hermanos que comparten el mismo contexto familiar. Por eso aseveramos que la realidad como un absoluto no existe, que todo depende de cómo cada quien interpreta la realidad.

Lo mismo sucede con el patrimonio. Cuando la contradicción se instala entre la lealtad y la evolución, el concepto de Vincent de Gaulejac, "neurosis de clase", nos explica el impacto que tiene el sistema de creencias del clan sobre la vida en pareja.

A veces, superar a los padres y otros ancestros a nivel de progreso se siente como una traición, como una borradura de los códigos instituidos, como un desplazamiento que excluye a los que triunfan sobre sus mayores. Cuando una pareja formaliza en relación matrimonial pueden ponerse en campo de batalla diversas emociones patrimoniales sobre "lo digno", "la humildad", "el fracaso profesional", "el origen", "el ascenso", "triunfar", "conseguir el diploma/la casa propia/el viaje soñado", etc.

Cuando no se reconoce la neurosis de clase seguirá apareciendo el conflicto: se repite el patrón de conducta ya instalado y sin solución para superar el escollo. Solo advirtiendo la trampa, la misma se desactiva. Y elegir pareja deja de tener como necesidad "mantener el estatus del clan". Transformar la vivencia que ahoga es darse permiso para cambiar de trabajo, soltar unos bienes, apropiarse de otros bienes, disfrutar sin culpa el dinero y el éxito que se obtiene del trabajo. Y permitirse elegir en libertad si la opción por mapaternar forma parte de "los bienes heredables" o procede de un "para qué" genuino, amoroso, generoso, no parasitario.

Y hay oportunidades en las que superar a los padres implica romper las falsas lealtades. Cambiar el paradigma tóxico es un trabajo de toma de conciencia e implica la decisión de dar vuelta la página, soltar la lealtad invisible y aceptar el mapa de creencias en el cual nos movemos, o el abuso del que fuimos objeto, o la desventaja en el reparto que siempre nos dejó fuera de los mejores frutos.

Para ello, acompaño al consultante a vaciar el vínculo de cuentas arcaicas por saldar, a elaborar expectativas a escala humana sin idealizar a los mayores, y le propongo comprender que no estamos en el mundo para cumplir y satisfacer las necesidades que nos exigen. Trabajo en el ejercicio de des-hacerse de programas ajenos, procuro ensordecer la voz patriarcal, aliento a transformar la impronta de llegada al mundo como "un estorbo", "un accidente", y sugiero cómo poner altoparlantes para la propia voz. Los maltrechos de amor pueden sanar sus heridas...

Los heridos de amor están permanentemente con una llaga cicatrizada a la vista, y cualquier motivo de soltar el escudo y darse en plenitud los hace poner en guardia. Los "solos y solas" conocen la desazón y prefieren ese estado porque sostienen que "con otros siempre estarán mal acompañados".

¿Y si ahora fuera el turno de la buena compañía? No lo saben. Las carencias afectivas en sus primeros años de vida dejan al sujeto expuesto y en actitud de protegerse del desgarramiento que pudiera resultar del vínculo amoroso. Se cuidan, pero a un alto costo. Los heridos de amor se protegen con el blindaje de la soledad disfrazada de libertad. Aunque estén sedientos de un abrazo, se quedan afuera, se ocultan detrás de la coraza.

Ejemplificaré con un caso: la paciente llegó y expuso su conflicto sin titubear, no estábamos en el consultorio sino en un café. "Soy claustrofóbica", me avisó telefónicamente al pedir la sesión. "Prefiero estar en un lugar con más gente y en un espacio abierto, por ser la primera vez". Así lo hicimos. El episodio traumático que desencadenó ese estado no aparece en su discurso hasta el segundo encuentro, ya sí en el consultorio. Decidí "renunciar" al marco adecuado en la primera cita y re-encauzar la situación con vistas al segundo encuentro: plasticidad, capacidad de acomodarse a lo que se presenta, flexibilidad de las fronteras establecidas.

"Si me comprometo con alguien, pierdo mi libertad. Cuando intenté creer en una pareja, dejé de creer en mí misma", expresó como motivo de consulta. Ninguna de estas ideas (su definición de "compromiso" o de "libertad") expresan La Verdad, sino "una" verdad que se imprime según el molde de las creencias, patrones de conducta, concepción del mundo que arrastra. El sistema de creencias en el cual funcionamos es la estructura que nos atrapa en una mirada de la realidad tramposa, parcial y acotada.

Verónica es una mujer atractiva, una profesional talentosa; se muestra seductora en sus modos de comunicar. Ronda los 35 años y está sola "porque defiende su libertad". Pero ha sufrido un episodio traumático de claustrofobia que todavía la asfixia, y aún no ha tomado conciencia de eso.

Cuando escucho el sufrir de mis pacientes capturo esa muletilla que retrata su emocionalidad. "Yo necesito una llave, una salida" es la holofrase de Verónica. Se podría traducir como: "estoy más segura si puedo escapar, o yo elijo cuidar mi espacio y mi decisión, aunque me condene a estar sola". Se cree libre por su situación, pero en verdad sigue cautiva del primer encierro: el útero materno, en el cual sintió los embates (fallidos) de ser abortada. Verónica fue lo que llamamos una hija-accidente. Y sufre otro encierro, la voz autoritaria de la madre: "de la cintura para abajo, nada".

Ha decidido ser "mujer de nadie", dice, para cumplir el mandato, y para evitar caer en el "accidente" de embarazarse como su madre de ella, ha olvidado que su cuerpo continúa "de la cintura para abajo", pero ella "no se entera".

El espacio femenino aparece lastimado, resistiendo, temiendo, desconfiando, y se encierra en su "libertad" de no comprometerse afectivamente por miedo a repetir el guion. No se enamora para no perder la independencia/para no accidentarse (embarazarse).

Sus ovarios, territorios interdictos obedientes a la sentencia "de la cintura para abajo, nada", demoraron en madurar. Su menarca se produce a los 16 años, luego de un tratamiento médico a fuerza de hormonas. Carga en su cuerpo la trinchera y el límite. La relación amorosa aparece siempre asociada a una libertad amenazada, acotada, reducida. Un verdadero blindaje afectivo.

El congelamiento amoroso duele. Esos sujetos que ligaron desde la infancia (y desde antes, desde las experiencias peri-concepcionales) apego y obediencia con sufrimiento, que sintieron ser "una molestia", que callaron su voz más personal y se cubrieron de una coraza anti-amorosa para evitar pérdidas posteriores, sobreviven a fuerza de negar sus emociones.

¿A quién obedecemos y escuchamos cuando decidimos algo así y lo damos por cierto de una vez y para siempre? La voz y el contrato, la ley y la deuda con toda "la tribu" que nos antecede hacen eco en nuestras "libres" decisiones. Los conceptos de amor, pareja, compromiso y libertad son los que con mayor fuerza se arraigan en el sujeto. Aprendemos a amar, dar, sostener una relación (de pareja, de amistad, laboral) a partir de la "escuelita" que tenemos en la infancia: la identidad está atravesada por esos primeros aprendizajes sobre la vida.

Con Verónica reformulamos el concepto de "amor". Llegamos a "revivir" los dolores de sentir el cuerpo dividido al medio, revisitamos las sensaciones orgánicas y emocionales de sus claustrofobias y miedos, redefinimos los modos de vincularse con los demás. Solo entonces, auto-mirándose completa (entera), se "entera", y se le habilitan las nuevas ideas para el paradigma defectuoso de "amor", "muerte", "ser un accidente". Se permite el regalo de estrenar una llave propia, completa, y soltar esa llave por la mitad que no le pertenecía.

"Máquinas" de aprender a amar

¿No ves que tarde hermosa?
Espínate las manos y córtame esa rosa.
Alfonsina Stoin'

Es h'elo abrasador, es fuego helado,
es her'da que duele y no se s'ente...
Franc'sco de Quevedo

Capricho, ceguera, deseo que arde, locura, estado alterado de conciencia, adivinación del sentir del amado, presencia esquiva, búsqueda infinita. Así, y con tantos otros sentires, se describe al amor, pero en verdad,
¿hablan de amor o de pasión? Para referirnos al amor caben más acer-
tadamente expresiones como escucha, respeto, compromiso, acompañamiento, confianza, apego y libertad. Los diversos artefactos culturales
nos dan una u otra cara del Niño Cupido. Poesía, narraciones, telenovelas,
canciones, cine, mitos: algunas de las máquinas de "aprender a amar". Y
también una cierta gramática que en cada lengua tiene ritmos diferentes.

En la novela *Rayuela*, de Julio Cortázar, leemos un emblemático discurso de creatividad amorosa: se trata del capítulo 68 donde "inventa" un
lenguaje, el "gíglico".

La escena erótica se construye musicalmente, con una sintaxis propia
y neologismos, sin embargo cada lector puede "traducir" ese modo particular de expresión que describe el encuentro entre dos enamorados.
Un lenguaje que es siempre único, "inventado" por la pareja, el exclusivo
lenguaje de la intimidad. Aunque las palabras son inventadas se sostiene
una sintaxis, puntuación y morfología donde las funciones de las palabras
(sustantivos, verbos) hacen posible la "comprensión" más allá de la se-
mántica.[61] Disfrutemos de su cadencia:

> *Apenas él le amalaba el noema, a ella se le agolpaba el clémiso y*
> *caían en hidromurias, en salvajes ambonios, en sustalos exasperan-*
> *tes. Cada vez que él procuraba relamar las incopelusas, se enredaba*
> *en un grimado quejumbroso y tenía que envulsionarse de cara al*

---

61 https://www.youtube.com/watch?v=c58RLkjA-3U

nóvalo, sintiendo cómo poco a poco las arnillas se espejunaban, se iban apeltronando, reduplimiendo, hasta quedar tendido como el trimalciato de ergomanina al que se le han dejado caer unas fílulas de cariaconcia. Y sin embargo era apenas el principio, porque en un momento dado ella se tordulaba los hurgalios, consintiendo en que él aproximara suavemente sus orfelunios. Apenas se entreplumaban, algo como un ulucordio los encrestoriaba, los extrayuxtaba y paramovía, de pronto era el clinón, la esterfurosa convulcante de las mátricas, la jadehollante embocapluvia del orgumio, los esproemios del merpasmo en una sobrehumítica agopausa. ¡Evohé! ¡Evohé! Volposados en la cresta del murelio, se sentían balpamar, perlinos y márulos. Temblaba el troc, se vencían las marioplumas, y todo se resolviraba en un profundo pínice, en niolamas de argutendidas gasas, en carinias casi crueles que los ordopenaban hasta el límite de las gunfias.

Y si dos personas enamoradas "comprenden" ese discurso fuera de la lengua, ¿cómo es que no se pueden entender a la hora de plantear el deseo, la necesidad o el anhelo de incluir a un tercero en el vínculo? Los hijos son percibidos, muchas veces, por uno o ambos miembros de la relación amorosa como "intrusos" en el interior de la pareja. Resolver ese dilema de seguir siendo dos o dejar lugar para el tercero implica salir del discurso erótico que desdibuja los contornos de la comunicación estándar para hablar, mirándose a los ojos, con la mayor franqueza, confianza, responsabilidad y conciencia.

Entre las "máquinas de aprender a amar" está la fructífera galería de los mitos clásicos. De todos tal vez sea central en este capítulo el que narra las los encuentros/desencuentros de Eros y Psique.[62] Eros (Cupido, Amor son sus otros nombres) es el dios del amor. Huidizo, inclasificable, complejo sentimiento, de origen tan incierto que ni la mitología logra ponerse de acuerdo con su árbol genealógico. Los estudiosos no coinciden y se acepta que hay diversas genealogías para este dios.

---

62 Apuleyo, en *El asno de Oro* narra esta historia sobre Psique, una joven mortal que se enamora del dios Eros. El tema de este mito es el origen y el significado del amor. En su simbolismo representa la unión entre lo espiritual y lo físico para llegar a ser seres completos. https://biblioteca.org.ar/libros/89461.pdf

Como dijimos, nada más difícil que ubicar "el origen" del amor... Por eso hay más de un árbol genealógico para Eros; la versión que más se conoce es la que refiere ser hijo de Hermes y Afrodita. Otra genealogía lo ubica como el resultado de la Necesidad (Penia) y el Recurso (Poros). Me interesa especialmente esta versión porque hace foco en las implicancias alrededor de los opuestos complementarios.

Siguiendo esta línea, diremos qué sucedió en la boda de Afrodita. En ese contexto, una mendiga hambrienta llamó a la puerta, venía por las sobras de la comida, se llamaba Penia. Después de conseguir entrar en el banquete y acceder a la mesa y las bebidas, se propuso seducir a Poros. Lo logró gracias a la adulación.

Poros y Penia se refugiaron en el jardín y de esa unión nació Eros, hijo del recurso y la necesidad, del exceso y la pobreza.

Es interesante ver en esta versión del mito el nacimiento de una nueva subjetividad: el deseo de la "falta" en el otro. Lacan retoma este concepto: solamente podemos amar o desear algo de lo que carecemos, amamos pues la falta del otro impulsados por la falta en nosotros mismos. El encuentro de dos queda, así, marcado a partir de una carencia. Antes lo mencionábamos como "ajuar", "almacén".

¡Qué pareja despareja, el zorro y la comadreja!

El nombre propio no designa a
una persona ni a un sujeto.
Designa un efecto: algo que pasa o sucede entre dos.
Giles Deleuze

Los refranes, dichos, juegos de palabras y muletillas usadas en nuestro hogar de origen tienen mucha resonancia en el armado de la pareja. Una consultante hablaba de sus discusiones con el marido por considerarlo derrochador, indulgente y poco precavido con los bienes a cuidar, en particular con tirar la comida: "Ay, si lo viera mi abuela que decía: 'acá se come todo, preferible que nos haga mal a tirarlo'".

Lo mismo sucede con los apodos y maneras íntimas de llamarse en la relación sentimental

Tal vez la chispa se encendió tan solo por escuchar la respuesta a: "¿cómo te llamas?". Y entonces al oír el nombre de ella/él, nuestro inconsciente registró: "¡como mi amado abuelo!", "igual que mi madrina". Y fue el inicio de una emoción cargada de memorias invisibles a la vista del recién llegado. En Psicogenealogía, el nombre del otro puede resonar profundamente en sentido positivo o puede instalarse como amenaza según funcione ese término en el diccionario familiar.

Ejercicio de memoria familiar: ¿a quién evocaba por su apodo o por su nombre aquel primer amor de la adolescencia? Revisemos los nombres en el árbol. A veces la carga afectiva lleva la resonancia hasta un duelo o un niño perdido en el clan, a la rivalidad con un hermano, a un personaje idealizado y novelesco, o a un familiar admirado, violento o excluido.

El sistema de creencias en el cual crecimos orienta la brújula: se puede/se debe/se espera son los mandatos escritos en un cartel invisible que "leemos" cuando elegimos pareja. Lo que de niños se aceptó, se prohibió, se excluyó marca un territorio cuyas fronteras son móviles: a medida que crecemos vamos cercando con más o menos trincheras el encuentro con otro y la posibilidad de vínculo amoroso.

Los nombres tienen un eco particular en la historia de un clan y se ponen en acción a la hora de fijar la mirada en la pareja. Otro buen ejercicio es marcar en el genosociograma (el árbol genealógico comentado) con un color los nombres masculinos que se repiten y con otro color los femeninos que se repiten. También valen las mismas iniciales, aunque sea otro nombre (Daniela, Denise, Dora). Cuidado con los nombres "trampa", ocultos, traducidos o reversibles, como estos: José María/María José, Miriam/María, Margarita/Margot, Juan/Iván, entre otros.

¿Y el tuyo? ¿Con cuál resuena o se repite? Si no aparece en tres generaciones anteriores (hasta los bisabuelos) se puede considerar un nombre "libre" de cargas genealógicas, o al menos más leves.

Parece que nos alejamos de nuestro tema central: decidirse por la maternidad o por la no-maternidad a conciencia plena. Sin embargo, aunque parezca una inocente cuestión, hay varias capas de hojaldre en la nominación. Y no es un mero dato de coincidencias: de ahí partimos para analizar los dobles en el árbol. Muchas veces un segundo nombre es el que da la pista. Y si hay resonancias que duelen o amenazan podrá ser un obstáculo para la concepción.

También suele ocurrir que, cuando las parejas tienen un hijo, dejan de llamarse por el nombre o con las expresiones "mi amor", "cariño" y pasan a ser "papi" y "mami". La llegada del tercero les ha secuestrado la identidad de yo-tú. Esto coloca a las parejas en un deslizamiento, ven desmoronar sus posiciones con la llegada de un hijo. Y en muchos casos (el consultorio lo exhibe más de lo que se expresa), las mujeres se permiten decir que se arrepienten de la maternidad.

A veces en la pareja nos encontramos con los nombres de los propios padres. Para el inconsciente, por ejemplo, si la chica elige por novio a Andrés (mismo nombre de su padre, "oculto" como segundo nombre) la pareja tiene el lugar de la función paterna; o si el muchacho se casa con una Esther (mismo nombre de su hermana) para el inconsciente esa relación es regresar a la infancia y ver en la pareja a la niña que lo acompañó de chico en sus juegos. Pero atención, esa "coincidencia" no es impedimento para la realización del vínculo adulto entre dos personas que se aman, simplemente hay que verlo, hablarlo y aclarar los roles que se juegan en la dupla.

Cuando la conciencia asume su lugar, el trabajo inconsciente se desactiva. "Tienes el mismo nombre, pero no eres mi padre". "Te llamas igual que mi hermana, pero no soy tu hermano". Esto evita la confusión de personajes, las demandas falsas (o incestuosas) y las tensiones en la expresión de los proyectos de pareja. Entre todos, el acuerdo sobre tener/ no tener hijos es central.

Los destinos parentales son invisibles, pero no mudos en la elección de un compañero. Dos que se eligen están optando además por avanzar en una trama de relaciones que se tejen con diversos datos. Además del nombre, tallan otras situaciones: condiciones propias del encuentro (un baile, una fiesta, un espacio laboral, la presentación de un amigo, etc.), la época del año (coincidencia con la boda de los padres, en carnavales como se conocieron los abuelos, fecha de concepción de uno de los dos, etc.), la conformación de la familia (hijo/a único/a, muchos hermanos, huérfano/a de madre o padre, orden en la fratría), posición económica, cultural, etc.

Dos árboles se unen cuando se arma una pareja: dos modos diferentes de un amplio universo que va desde cómo se concibe el mundo hasta cómo hacer una tarta de manzanas.

Ya dialogan, ya se oponen, ya reparan, ya repiten, ya se complementan. Una pareja es, pues, el entrecruzamiento de las ramas de dos árboles plagados de hojas, frutos, tormentas y sequías; y esto implica dos estilos de vida, dos menús para la noche de Navidad, dos desarraigos, dos gustos musicales, dos ideologías políticas, dos álbumes de recuerdos, dos maneras de concebir la libertad, o la responsabilidad sobre los gastos y deudas familiares, o la administración de la descendencia en parejas ensambladas.

No son tareas sencillas, por el contrario, la construcción es ciclópea y es diaria, pero fascinante como trabajo de autoconocimiento y construcción de la identidad. Reunir esas mitades en afán de complementariedad es como mapear zonas de la personalidad inalcanzables con cualquier aparato tecnológico de última generación. Tomo el concepto de Françoise Dolto[63], la vida como un *yendo-viniendo*; desde esa perspectiva nos habilitamos el error, la posibilidad de recalcular, revisar el espacio para la libertad de elegir, así como la equivocación, la crisis, el replanteo y el recomenzar.

Pensar la pareja implica conjugar la historia personal, en vaivén con la memoria transgeneracional, y "oír" el eco de esas historias parentales en un ciclo vital particular y riquísimo para autodescubrir cómo y cuándo nos enamoramos, de quién y por qué. Y, sobre todo, para qué... Esta conjugación requiere de tiempo. Toda relación (la de pareja es una) es siempre un proceso. Como la mapaternidad no se trata de eventos condicionados a "¡lo quiero todo y lo quiero YA!", hablamos de un proceso, una construcción, una capacidad consciente de relacionamiento responsable.

La toma de conciencia de los puntos de alianza o de coalición evita crisis de identidad que se manifiestan como: "alerta, aquí hay una contradicción a mis creencias, esto no estaba incluido en el instructivo familiar de uso; ese gesto no lo aprendí en la casa de mis abuelos".

Cuánto tensa, incomoda o reubica las necesidades observar el día a día desde la perspectiva de mi historia familiar. Cuánto me he emancipado de sus creencias y tabúes. Cuánto estoy dispuesto a negar, cuestionar o

---

63 https://docplayer.es/49398376-Seminario-de-psicoanalisis-de-ninos-i-francois-dolto.html

poner en deslealtad para mi realización, aunque sean preceptos sagrados en mi clan.

La lógica transgeneracional gobierna tanto la elección de una pareja como su ruptura. La separación solo agrega un eslabón al mismo patrón; mañana será otro quien genere expectativas y anhelos, hasta que las diferencias duelan y acabemos nuevamente por romper ese vínculo. Se repite el mismo modelo en nuevas relaciones, a menos que nos permitamos primero revisar los propios conflictos, filiaciones, identificaciones y demandas sin satisfacer.

Las heridas emocionales de la infancia, las habilitaciones y las prohibiciones, así como los temores no gestionados se escenifican como en una función de teatro y somos, a la vez, espectadores y protagonistas. La disrupción que señalo aquí es que aquello que resulta tan obvio aparece como invisible. Ahondemos esta idea.

El amor como teatro

El amor no tiene cura,
pero es la única medicina para todos los males.
León Tolstoi

Si decimos que la casa es como un espejo de todas las relaciones que construiremos (las amistades, los compañeros laborales, las parejas), el modo de vivir los lazos en el clan determina cómo interpretaremos la "obra", cómo iremos practicando –ensayo-error– esa complicada trama de dar, escoger, pedir, compartir, respetar, aceptar, resignar, resignificar.

Escenario privilegiado de los puntos ciegos, las heridas, los miedos, las limitaciones entre las que nacemos y crecemos, la familia ofrece un abanico de "órdenes" (y desórdenes) posibles del amor, que asumimos como personajes en un drama. Y a lo largo de la vida, vestimos (a veces "travestimos") diversos roles, como estrategias para ir comprendiendo el guion de nuestra vida, y de nuestra vida amorosa en particular.

Elegir sala, director, escenógrafo, luces y música adecuada no es tan difícil. En cada estreno ponemos lo mejor, en cada acto aprendemos eficazmente la letra, y los ensayos generales son una fiesta a medida que vamos seleccionando aquello que nos hace eco, nos da calidad en los vínculos y bienestar. Lo complicado es advertir cuál es el rol que jugamos.

Sin la capacidad para elegir el personaje y con los ojos cubiertos sin ver el itinerario que asume ese héroe, ese villano, esa víctima, esa santa, esa gran sacrificada, podemos contar con la mejor sala teatral, pero la función será un fracaso.

Cuando abrimos el telón para actuar obras que nos escriben otros, la voz es impostada, la postura es incómoda, la identidad se pierde y actuamos sin armonía, con sabor a sainete; a veces falla el paso de comedia, o se resaltan los cuadros grotescos de muy mal gusto... Y, más grave aún, más de una vez vemos cómo se avecina la tragedia sin poder detenerla. La espontaneidad se pierde. Lo más central es misteriosamente invisible: "¿quién escribe mi guion?".

Y los derechos de autor los cobra el Árbol. La figura del Gran Autor es el genosociograma. Los ancestros, sus debilidades y sus respuestas ganadoras, sus logros y penurias, los avances y caídas, el proyecto de nuestros padres (hijos ellos también que cargaron su personaje), todo constituye al Gran Autor del Guion de nuestra vida.

Ya nos detendremos en ese punto. Pero aún estamos en el estadio de la pareja: la de nuestros progenitores.

La mayor paradoja en esta metafórica mirada de la pareja como una obra de teatro es la siguiente: actuar de-a-dos implica soltar las máscaras. Si somos "yo" + "tú", sin roles fijos, con plasticidad para vestir otros movimientos, sin estrechez de mira y con la generosa capacidad de darle lugar a la palabra que cura, alimenta y abre otros escenarios posibles, el vínculo se consolida saludablemente para ambos.

Partimos de una indagación del "yo" (el propio sujeto) para luego ver a un "tú" y entonces sí pensar en el "nosotros" generoso, amoroso, seguro, respetuoso, confiable, dador de oportunidades para crecer juntos.

Antiguamente, según los relatos mitológicos, la humanidad se componía de seres andróginos, seres masculinos y femeninos a la vez, provistos de dos cabezas, cuatro brazos y cuatro piernas, tan completos y desafiantes que sacudieron el Olimpo. Como resultado de esta soberbia (el deseo de completud), los dioses separaron a los andróginos, quedando el ombligo como evidencia de esta intervención divina. Desde entonces, míticamente hablando, el amor no es sino la búsqueda de la unidad perdida.

Para trabajar este espacio sugiero a mis consultantes escribir en pareja dos guiones teatrales que incluyan las "palabras-motor" para cada opción.

1. El *Libro del buen amor* compuesto por las "4C de oro": *contacto, compromiso, complementariedad* y *confianza*.

2. El *Libro del mal amor* compuesto por las "4C de plomo": *culpa, celos, competencia* y *castigo*.

La consigna implica revisar a dúo esas ocho palabras, tirar del hilo de asociaciones que despiertan en cada uno, según las experiencias transitadas desde la mirada infantil en el vínculo de sus respectivos padres, y luego en el vínculo entre la pareja consultante.[64]

Se trata de dotar de nueva conciencia a las emociones que aparezcan, y de una actitud que mejore el estado relacional de lo que pesa como plomo, así como profundizar aquello que otorgue más luz a lo que brilla como oro. Se trata de practicar la resignificación de un huerto que permita crecer en la relación y desterrar sin pausa las malas hierbas que obstruyen la realización personal y la consolidación de la pareja. Asumir la libertad de elegirse sin condicionamientos; nada puede sostener unido lo que se ha quebrado. Ni los bienes materiales adquiridos en el vínculo, ni los hijos, ni la palabra religiosa que pide un imposible "hasta que la muerte los separe". Es interesante revisar qué somos capaces de arriesgar en la relación amorosa, considerando la expresión "pareja condicionada".[65]

Mapear, registrar, lotear, cartografiar, medir, socavar; la pareja es un terreno para aprender que debajo de la superficie hay capas de sentires arcaicos que logran expresarse en el encuentro y el reconocimiento del yo, y en la díada con el otro/a.

---

64 Estas y otras consignas terapéuticas las desarrollo en mi libro *Lecturas que curan* (2020), Barcelona, Del Nuevo Extremo.

65 Scala, Mireille (arteterapeuta) y Scala, Hervé (kinesiólogo) (2008) en *Nuestra pareja en psicogenealogía. La trascendencia oculta del encuentro amoroso* explican que no hay azar ni casualidad, las historias de pareja están íntimamente relacionadas con nuestra historia familiar. En el estudio mencionado hay una extensa investigación sobre "los porqués" secretos que actúan en la formación/consolidación/ruptura de un vínculo amoroso.

La evolución va desde la co-dependencia fusional con comunicación débil, a la independencia emocional con comunicación activa. Esto implica decir, establecer, sostener a conciencia ciertos acuerdos. Y uno de los acuerdos –que en general se da por sobreentendido– es la inclusión de la descendencia. La complementariedad que consolida una pareja a veces habla otro idioma: considerar/no considerar el lugar del hijo.

En este punto se conjugan la historia personal, el vaivén entre lo individual y la pareja, con la memoria transgeneracional en el eco de las historias parentales.

Acabado el encantamiento, el príncipe azul destiñe y la princesa huele a cebolla picada. ¿Se terminó la pareja?, ¿podemos reinventarla con la llegada de un hijo?

La aparición del hijo como proyecto en oposición a uno de los integrantes de la pareja exhibe en la experiencia clínica la realización del duelo. El hijo es un proyecto de dos o no es. Muchas veces, este des-acuerdo en la pareja respecto a incluir al hijo esconde la amenaza de final de la relación. Si el amor de-a-dos es una relación dinámica, cambiante, vital, pensar al "tercero en discordia" presupone incluir un nuevo "elemento" que podría leerse como un conflicto.

"No nos dieron un diagnóstico de infertilidad. 'Siga insistiendo era la consigna del ginecólogo'. Luego apareció *el depredador* con el nombre de endometriosis, y aunque ya se podía fijar un plan de acción, yo estaba agotada", me dice una paciente que lleva años probando tratamientos. Y continúa: "Me ofrecieron varias 'soluciones': subrogación, banco de óvulos, transferencia de óvulos, y por fin elegí yo. Tener hijos es una decisión responsable y elegí no tenerlos. Sé que esto será difícil para mi esposo".

Decir NO a un hijo, por parte de uno de los miembros de la pareja, significará duelo del proyecto para el otro. Como nos enseñara el doctor Salomon Sellam[66], cuando vemos casos con muchas historias de amor "fracasadas" (sin conseguir formar un vínculo sólido, o sin lograr una familia con hijos), quizá haya que ir en busca de una narrativa oculta de amor difícil, que la mayoría de las veces no les pertenece ni viene de los padres, sino de los abuelos u otros ancestros más lejanos. Los amores contrariados dejan huellas en las generaciones siguientes.

---

66   Sellam, Salomon (2013). *El secreto de los amores difíciles*. París. Bérangel.

Aceptar la ruptura de la relación y más aún por desavenencias en el proyecto (tener o no tener descendencia) es un proceso doloroso. La muerte pone un límite indiscutible, pero cuando se oponen los proyectos emerge un proceso de aceptación del cierre; no queda mucho margen para la negociación en la pareja. La terapia para gestionar ese duelo simbólico puede ser lenta, dolorosa, y atraviesa las mismas etapas que un duelo real.

Un cóctel explosivo de emociones destructivas (culpa, pase de facturas, deseos como rehenes, dolor, reproche, victimización, miedo, enojo, odio, autocrítica, sentimiento de fracaso, desconfianza, venganza) gobierna a los miembros de esa pareja que ya no van "a la par".

Así, la consulta nos deja ver a menudo que esta discordia sobre "un hijo sí/ un hijo no" es la puerta para cerrar un vínculo que, tal vez, ya estaba roto.

La cicatrización, el cambio de página, atravesar la pérdida puede ser menos complejo cuando se produce una "desconfirmación" mutua.

La "desconfirmación" mutua es una premisa necesaria cuando la pareja se rompe. La crisis es una oportunidad madurativa para desarrollar el *insight* (introspección) y lograr la adaptación en la nueva etapa afectiva.

El "hasta que la muerte nos separe" dejó de tener vigencia en el contrato de amor. Y las parejas hacen del enamoramiento y la evolución del vínculo un eslabonamiento de etapas. Hoy se acepta con más honestidad y genuina decisión decir punto final a una relación.

Eva Bach y Cecilia Martí describen, en *El divorcio que nos une*[6], una serie de herramientas para hacer menos dolorosa la ruptura matrimonial, apreciar formas de asumir el conflicto y el futuro de la manera menos traumática. Apuntan a un eje común alrededor de las separaciones: la falta de un proyecto en común. ¡Ninguno de los proyectos de una pareja es más "en común" que un hijo! Aceptar que "no van a la par" en esa danza inaugura la búsqueda del deseo de un hijo en otra dirección.

Aceptar la herida narcisista. Integrar, procesar, filtrar, retener y evacuar lo esencial serán los pasos sobre un mapa que re-posicione a los integrantes de la pareja-despareja.

---

67 Martí, Cecilia y Bach, Eva (2007). *El divorcio que nos une*. Barcelona. CEAC.

LA PSICOGENEALOGÍA TIENE RAZONES QUE LA BIOLOGÍA (DES)CONOCE

Cuando el cuerpo dice NO

Los niños son una responsabilidad aplastante.
Elena Ferrante

Toda mujer que quiera tener hijos debería tenerlos.
La pregunta es ¿por qué una mujer
que no quiere tener hijos
debería tenerlos?
Inés P. Mestre

La maternidad está idealizada. Criticarla es un tabú. Experiencia vital transformadora y mandato a cumplir para conocer el verdadero sentido de "la plenitud". Sinónimo de mujer. La cultura va cambiando el discurso, pero aún se percibe como una golosina rellena de mitos y lugares comunes que todas deberíamos degustar. El embarazo se exhibe como un estado de cualidades romantizadas y en consonancia bíblica, el preámbulo que condena al dolor y al drama del milagro amargo.

La distorsión de lo real se escurre en ficciones y narrativas que se oyen en la calle, la sala de espera del odontólogo o la puerta de la escuela. ¿Cuántas veces escuchamos o leímos formulaciones sobre las dificultades previas a un nacimiento? Cito algunas: aumento de peso, limitación de la movilidad, cambios hormonales severos, vómitos, malestares impensados que terminan mágicamente cuando la madre mira por primera vez los ojos de su bebé. ¿Qué dicen los relatos de las mujeres reales (no las mujeres de las publicidades) cuando son interpeladas sobre la maternidad en el día a día? ¿Cómo se autoperciben cuando se etiquetan "madre"?

Está –culturalmente aceptada, además– la postal ganadora: "Todos los problemas y adversidades de la vida se superan cuando tienes un hijo". Mensaje que oprime a las madres con el encierro de un corsé que las obliga a sonreír y ser feliz a toda hora, a costa de cualquier precio, pues se supone que ya tocaron el cielo con las manos.

Pero cuando la llegada del bebé se niega, cuando el embarazo se retrasa, cuando los tratamientos de reproducción asistida fallan... la pareja llega a consulta psicológica. Lucen agobiados, desesperanzados, des-erotizados, pero no claudican en su deseo (¿capricho?, ¿mandato familiar?, ¿exigencia social?).

Revisar nuestro lugar en la pareja, acondicionar el nido, preparar la cuna... Y no olvidarnos de reunir las fotos de nuestras madres: las reales en papel, las digitales, las internas, las oníricas y las de pesadilla. La figura de nuestra madre está en el podio de los logros/impedimentos para alcanzar la maternidad propia. "Cada hija contiene a su madre y a todas las mujeres que la precedieron. Los sueños no realizados de nuestras antepasadas maternas forman parte de nuestro legado. Para tener una vida saludable y una felicidad óptimas, cada una de nosotras debe poner en claro de qué modo la historia de nuestra madre influyó en nuestro estado de salud, nuestras creencias y nuestra manera de vivir la vida, y cómo continúa haciéndolo. Cada mujer que se sana a sí misma contribuye a sanar a todas las mujeres que la precedieron y a todas aquellas que vendrán después de ella".[68]

La maternidad es el eslabón entre mi lugar de hija y mi (posible) lugar de madre; el intersticio entre el espacio público y el privado, lo doméstico y lo cultural, la sexualidad, el mandato histórico, la expectativa de amor incondicional y las narrativas "maternas" que circulan en todos los ámbitos y hace oír el silbato de "infracción". Según el país suena la misma advertencia con diversas frases de alarma: "no te demores que pierdes el tren", o "se te va a pasar el arroz". Deconstruiremos estas afirmaciones.

Como ya dijimos, la bibliografía teórica más actual, el cine, el feminismo y los estudios enfocados en la salud mental perinatal ofrecen herramientas para salir del encasillamiento cultural que, aunque menguado en su prejuicio, aún se oye: MUJER = MADRE.

Citemos como ejemplo el documental [M]otherhood[69], en el cual se reivindica la posibilidad de normalizar la elección de no tener hijos, revisar los mitos que rodean a la maternidad y cuestionar los tabúes adheridos.

---

68 Northrup, Christiane, *Madres e hijas*. Op. Cit.

69 *[M]otherhood*. Documental dirigido por Inés Peris Mestre y Laura García Andreu (2010), España.

"¿Por qué si afirmas no querer ser madre te preguntan tus motivos y no a la inversa?".

Desandaremos algunas de las causas por las cuales una mujer no tiene hijos. Ya dijimos, unas por elección a conciencia y otras porque, buscando embarazarse, se "les pasa el arroz" y no lo consiguen. Retomando lo que ya expusimos, veremos los diversos conflictos detrás de esta imposibilidad.

Destacaremos condiciones físico-orgánicas y emocionales. Desbloquear aspectos inconscientes facilita en muchos casos superar el impedimento diagnosticado bajo el rótulo "infertilidad" y alcanzar la concepción.

Varios son los caminos para despejar los bloqueos inconscientes. Veamos algunos de estos a modo de autoindagación:

- DEPENDENCIA. ¿Ambos o uno de los miembros de la pareja se siente en desequilibrio económico, social, de nivel educativo respecto a su par? El sentimiento de desvalorización atenta contra el deseo de concebir. Primero hay que comprender los alcances de ser adulto autónomo y sin descalificación frente al otro para poder proyectarse como madre/padre.

- ROLES. ¿Qué lugar ocupo en esta relación? ¿Siento confianza? ¿Soy más "madre" de mi pareja que compañera? ¿Nos llamamos uno al otro "mami", "papi"? ¿Hay suficiente evidencia por parte del hombre sobre su capacidad de cuidado, atención y protección para la mujer que llevará la cría por nueve meses en su cuerpo? ¿Qué peligros se intuyen?

- MEMORIAS UTERINAS. ¿Cómo viviste tu propio nacimiento? ¿Qué sabes del parto en el cual te desprendiste del cuerpo de tu madre? ¿Cuál es la narrativa familiar? La vivencia amenazante, de estado sufriente o peligroso, asecha la disponibilidad para gestar y parir. La memoria de estrés natal se reactualiza en la búsqueda de un embarazo que se demora.

- GUION DE VIDA. ¿Cuál dirías que es tu "misión" en la vida? Si una mujer sigue ligada a su identidad de niña que busca a su papá posiblemente se enamore de hombres casados, o mayores, o de una jerarquía superior (un jefe, por ejemplo). Si ese hombre no está disponible para acompañarla con el proyecto de un hijo, la mujer puede transformar su imposibilidad en un lenguaje de órgano (diagnósticos de "infertilidad"). O si el vínculo que establece siente una tonalidad de hija-padre, el fantasma de incesto simbólico impedirá la gestación. ¿Se registran eventos de incesto, abuso en el árbol de ella o de él?

- DESHONRA. Cuando la sexualidad y la maternidad se asocian al abuso, adopción ilegal, prostitución, algún hecho de corrupción, la mujer que de niña ha vivido esos escenarios puede verse bloqueada para concebir naturalmente, como una protección inconsciente a repetir eventos dramáticos.

- "SABIDURÍA" POPULAR. "¿No te gustan los niños?" El acercamiento a las mujeres que deciden no tener hijos trae encriptado el juicio en forma de pregunta, como si luego se pudiese aleccionar con los gastados lugares comunes: "tener prole es nuestra razón de ser", "la vida sin hijos es como un jardín sin flores", "te perderás lo mejor de la vida", "un hijo nos completa y nos da sentido de trascendencia". ¡La lista de sentencias sinsentido puede ampliarse hasta el infinito!

- CIRCUNSTANCIAS. ¿Acompaña el contexto para dar la bienvenida al hijo? En un clima de guerra, hostilidad familiar, falta de ingresos, o carencia de respaldo social la especie se cuida de sufrir nuevas experiencias de amenaza y sobreadaptación. ¿Hubo abandono, hambre, intemperie alrededor de tu nacimiento, el de tu madre o el de tu abuela materna?

- MIRADA DEL OTRO. ¿Hay en el clan embarazos "mal concebidos"? Me refiero a situaciones "inconcebibles", enjuiciables según las creencias de cada clan: embarazos adolescentes, hijos extramatrimoniales, hijos producto de violación, violencia familiar, entorno hostil, agresiones vividas por la embarazada de parte de su familia o pareja.

- HISTORIA. Hay situaciones que reclaman indagar desde las memorias de la propia biografía como hijos, y también adentrarse en las enmarañadas narrativas familiares. El estudio del transgeneracional ofrece innumerables hallazgos capaces de dar vuelta una historia con la inscripción de "imposible". Invito a revivir las emociones desde el lugar de hija: mujeres víctimas de una mala gestión con su madre cocodrilo (y las otras "especies" de madres nocivas que desarrollamos anteriormente) colisionan con el deseo de procrear y obturan la posibilidad para que en las mujeres no emerja el deseo de ser madres.

- SECRETO. ¿Intuyes que hay un vacío de información, algunos datos que no cierran, fechas y eventos confusos, lagunas en la transmisión? Al respecto, merece la pena compartir este caso de mi experiencia clínica: Denise, 38 años, rubia y lánguida, llega a sesión desmotivada luego de muchos tratamientos para conseguir el ansiado embarazo. Su esposo, Héctor, ha puesto como límite esta consulta "diferente"; le dijo que ya no aceptará más intervenciones médicas. La chica sigue en duelo, ligada a su hermano mayor (Hugo) de forma patológica; aunque el muchacho murió hace más de 10 años, ella no logra cerrar el evento de pérdida. Su esposo, curiosamente, es muy parecido al hermano de Denise (fornido, morocho, de contextura grande y de la misma edad del difunto, cinco años mayor que ella; un "doble" de Hugo, por la inicial del nombre propio y por las características físicas). Le pregunto sobre la causa de muerte de su hermano: cáncer de huesos. Indago más y advierto un trato descalificador por parte de sus padres hacia el primogénito. "Trabajaba en el campo con mi padre, pero era más un esclavo o un peón que el hijo del terrateniente". La cercanía amorosa con su marido le trae reminiscencias del vínculo fraterno y el fantasma del incesto flota en el aire. Comento como al pasar: "Qué notable es la diferencia física que llevas con tu hermano, los rasgos, las características...". Denise confirma mis presunciones: "Sí, no se parecía a nadie de la familia". Indago sobre la edad de los padres al nacer ella: 45 la madre, 52 el padre; actualmente ambos fallecidos. Le sugiero averiguar más, buscar libreta de boda de los padres, relatos de la familia. Pocos días después de la cita profesional, Denise me informa que, en el altillo de la casa de su suegra, donde guardaban papeles y documentos, da con la libreta de familia y se queda "petrificada" al leer en la página de hijos solo su nombre y la palabra "primípara".

Pide una sesión con urgencia. La acompaño a develar lo que sabe-sin saber: que el hermano era adoptado, que ese secreto obtura el deseo, que la maternidad está vigilada o tutelada por un evento sin explicación familiar, que su hermano no era el primogénito de sus padres sino un "criado" incluido a medias en la familia, a modo de hijo ante la imposibilidad de la madre de concebir. Luego aparece más información: el niño era hijo de una empleada del tambo que se fugó con el capataz del campo, y lo dejó abandonado. Los padres de Denise lo "adoptan" de forma ilegal. No tienen los papeles en orden. El secreto es tapado por todos los integrantes del clan. Solo cuando se abre la cripta inconsciente, que mantiene a la maternidad en estado de ilegalidad, ella consigue armar el puzle: los problemas de infertilidad de su madre (una jovencita abusada por su propio abuelo) desaparecen con la adopción de Hugo, y casi sin esperar el milagro, la conciben a ella luego de "despreocuparse". Gracias a la reunión de datos, eventos, voces que le aportan la información silenciada por años, ella consigue comprender, duelar, asimilar y esperar desde otro lugar. Pocos meses después, Denise y Héctor me comparten la alegría de estar embarazados.

Como estas, hay muchas historias de secretos, vergüenzas, temores y deshonra alrededor de los nacimientos y los traumas para concebir. Para continuar con el mapa propuesto de búsqueda, comencemos con una pregunta primordial: "¿para qué un hijo ahora?".

¿Para qué un hijo ahora?

Que qu'en su h'jo 'nmola/Para no estar sola,
poco le 'ba a querer.
José María Cano

Podemos encontrar un abanico de respuestas o, en muchos casos, el silencio absoluto para esta pregunta aparentemente sencilla.

Rara vez una mujer que ya ha recorrido consultorios de fertilidad y análisis de toda índole responda con claridad. Sincera claridad a la pregunta

"¿para qué un hijo ahora?". No dicen: "para evitar que se ahonde la crisis de pareja", "para tener a alguien que me cuide en la vejez", "para que me ayude en las tareas del hogar", "para dejar de estar sola", "para tener algo mío", u otras semejantes. Más bien se escuchan discursos pre-hechos, faltos de conciencia real: "porque quiero dar mi amor a alguien de mi sangre" y otras expresiones del mismo tenor.

Al final, en terapia, el murmullo interno deja salir la verdad. A veces... solo a veces. Cuando arribamos a respuestas de esta crudeza ya hemos transitado mil galerías adyacentes con los discursos esperados, edulcorados y trillados sobre el amor, la ternura y la descendencia: lenguajes de laberinto para no pronunciar lo que duele. La terapia avanza para develar lo que hay detrás del discurso fantasma.

El sistema de creencias que heredamos desde nuestra concepción a través de la fusión genética de las células germinales de nuestros padres y la influencia ambiental familiar, especialmente desde las percepciones, pensamientos y emociones transmitidos por la madre durante nuestra estancia en el útero, condicionarán lo que nos suceda a nivel físico, emocional y comportamental en la vida adulta.

Juan José Hervás Martín, terapeuta holístico y transpersonal, trabaja desde la óptica de las Constelaciones Familiares de Bert Hellinger aplicadas al ámbito de lo prenatal y desde allí abre una posibilidad para ver, aceptar y atravesar esos condicionamientos originales que pueden obstaculizar en los proyectos de la vida adulta.[70]

El hijo "deseado" para solucionar el conflicto existencial de soledad sin gestionar es base de muchos impedimentos. Suelo recurrir a una leyenda que cuenta las nefastas consecuencias de un hijo concebido con este proyecto.

Una versión del relato es la canción de José María Cano, *Hijo de la Luna*. El texto narra la exhortación de una gitana a la luna para cumplir el deseo de conseguir un marido y un hijo. La luna accede y se produce el conjuro. Pero se paga un precio: la gitana debe resignar a su primer hijo y entregarlo al firmamento. *"Tendrás a tu hombre, piel morena"/Desde el cielo habló la luna llena./"Pero a cambio quiero/El hijo primero/Que le engendres a él"*. La gitana acepta el pacto. El niño nace albino, blanco como

---

70   https://espaciohumano.com/la-etapa-prenatal-y-las-constelaciones-familiares/

la luna misma, y el gitano, moreno como ella, se cree engañado. Se desata la tragedia: asesina a su esposa y abandona al chico.

La desmentida de la soledad personal a cualquier precio es solo uno de los proyectos que funcionan como guiones existenciales. Veamos los modos de ser invitados a la vida y el sentido que viene impuesto con ese contrato. Lo llamamos "Proyecto & Sentido".

Si el hijo percibió el amor como un abuso de poder (el bebé se cosifica como "fruto codiciado"). La madre, en lugar de alimentarlo se alimenta del amor del bebé para no estar sola (hambrienta, depresiva, triste), su codicia emocional transforma al niño en el bocado perfecto. La mujer que ha perdido todo, ahora dice: "esto es mío". Sí, dice "esto", y en esa expresión cosifica. Sin pareja, amigos, familia extendida, la mujer deposita toda la energía libidinal en complacerse disponiendo de su hijo. En el futuro, encontraremos a un adulto dedicado a colmar las necesidades ajenas, olvidándose de sí y evitando que otro ser pase por las mismas carencias de autovalidez que él sufrió. Posiblemente decida no ser padre/madre, y si encara este deseo, verá varios intentos fallidos antes de concretarlo; es el inconsciente defendiéndolo de una amenaza de muerte como sujeto, que le recuerda el desplazamiento de la identidad de ser sujeto a ser cosa.

Se conoce con diferentes denominaciones: *etapa primal, primeros mil días de oro, vulnerabilidad inicial, programa gestacional o guion de vida*, entre otros nombres.

Wolf Reik y Jörn Walter[1] quienes sostienen que madres y padres actúan como ingenieros genéticos con sus hijos durante los meses previos a la concepción mediante un proceso llamado "impresión genómica parental", también mencionan la importancia del tiempo anterior a la concepción misma como parte del deseo de maternar.

A mí me gusta mencionarlo con la expresión que he creado a tal fin: "Ma&Pa" (Memoria Ancestral y Proyecto Árbol). Con ese nombre he dictado muchos seminarios en Uruguay y Argentina, como una "cifra" que incluye el transgeneracional y el programa de vida.

---

71   Wolf Reik: herencia más allá del ADN, Nicole Le Brasseu, https://www.ncbi.nlm.nih.gov/pmc/articles/PMC2819685/

Desear es siempre un proyecto

...l● maternal, es dec'r, el narc's'sm● pr'mar'●.

Jul'a Kı'steva

El P&S condiciona las decisiones, la salud, el comportamiento, la profesión. Es una ruta impuesta. Recién cuando se libera ese proyecto, se puede hacer "el propio viaje".

Se afirma que Plutarco[72] pronunció la famosa frase (derivada a su vez de una comedia de Menandro[73]) que dice: *Alea iacta est*, locución latina que ha rodado por siglos y su sentido actual es: "se echó el dado" o "la suerte está echada". Con tal intención la expresó Julio César cuando tomó una decisión sin retorno, cruzar el río Rubicón; una vez hecho ese gesto temerario ya no había vuelta atrás.

El río marcaba el límite del poder del gobernador de las Galias y no se podía –salvo con audacia y valentía– adentrarse en el territorio con sus tropas.

Y, ¿por qué esta introducción histórica? Porque de las palabras aquellas proviene la clave del tema que nos convoca. Desarmemos, pues, esta frase célebre: *alea iacta*.

Empecemos por el principio: *alea* (que dará en nuestro idioma palabras como "aleatorio") significa "juego de dados". Algunas etimologías refieren a "huesos", material con el cual se elaboraban los dados entonces. Ese término se asociaba a "suerte", "riesgo", "algo incierto".

"Proyecto" proviene de *proiectus* que es la suma de "pro" + "iacere" (*iacta* o *jacta*, en la frase de Julio César) = "arrojar hacia delante, sin tener claro el resultado futuro". Por otro lado, *iacta* (o *jacta*) equivale a "lanzar", "echar", y dará origen a términos como "eyectar", "expulsar", "eyacular".

Entonces, con respecto a la mapaternidad: ¿qué es un proyecto? Recolectando las huellas citadas, diremos que tener el deseo de un hijo es una jugada "incierta" que mira al futuro... Un hijo es un proyecto, es una acción que conlleva una intención, a veces explícita, otras inconsciente.

---

72 Historiador, biógrafo y filósofo griego, 45 d.C.

73 Comediógrafo griego, 342 a.C.

Esta intención –cuando se trata de sumar integrantes al linaje– se concreta con actos en esa dirección, uno de esos actos es el encuentro sexual entre un hombre y una mujer. En otros casos la intención es la de no llevar a cabo el resultado de ese gesto (la concepción), e implica la acción de dar vuelta atrás lo hecho y se decide por el aborto. Y hay veces en las que esa búsqueda de interrupción no se logra, no se consigue. Sobrevivir o no al proyecto inicial "de echar los dados" siempre tiene derivaciones: los diferentes modos de ser proyectado, de "ser hijo" en el inconsciente de los progenitores, de ser concebido, de nacer, de vivir.

Para completar la expresión, avancemos. ¿Qué significa "sentido"? Originalmente, del latín *sentire*, "ir adelante". Implica tomar una dirección a partir de la experimentación de alguna sensación o sentimiento que llega a través de los estímulos sensoriales. Luego, en su desarrollo tardío de las lenguas romances, se centró en lo referido a "oír", hasta extenderse a los demás sentidos (vista, tacto, gusto, olfato); la suma de lo exterior más la propia experiencia. Lo mismo ocurre si hablamos de dar sentido a la vida. Cuando dos deciden ser tres hay dudas y certezas para dar ese paso decisivo. Proyectar un hijo es una apuesta irrevocable "de *(da)*dos", de riesgo, sin retorno, con todo el futuro por delante.

"Para que la vida de mi hijo tome sentido ante mis ojos, pongo en mi proyecto una intención determinada que deberá materializar personalmente (con sus gustos, elecciones, actitudes, compromisos, deberes, agrado por ciertos deportes, pareja, profesión) en la misma dirección que le doy en el inicio del viaje". Más o menos así podemos "traducir" la expresión en el alma y cuerpo de los progenitores de convocar a un tercero para el clan, y esa intención se transforma en destino para el niño. Será vivido como condena o conciencia, según cada quien se permita ver, asumir lo que sienta propio, soltar lo que considere extraño a su naturaleza y transformar lo recibido.

Cada hijo llega en un momento diferente de la vida de los padres. A veces desconectar ese proyecto (soltar un conflicto o exigencia que no nos pertenece, que nos arrastra por un modo de vivir que sentimos ajeno) es un trabajo con los propios síntomas de la biografía personal.

¿Qué es P&S?

Yo vengo de una familia en la que cada miembro
dañaba de algún modo a los demás.
Luego, arrepentidos, cada uno se dañaba a sí mismo.

Carlos Fuentes

Empecemos desde más atrás: decimos que indagar en las memorias transgeneracionales es importante porque conocer el nombre de padres, abuelos, hermanos, saber sus fechas de nacimiento y muerte, así como observar ciertas repeticiones que calificamos de "casualidades" no alcanzaría para comprender los eventos que transitamos en nuestra vida. Pertenecer a una familia sin conocer los secretos del árbol genealógico es como despertar de un sueño y no recordarlo, o como recibir una carta y no abrirla, o como tener un boleto espacial para descubrir el universo... y quedarse en casa a ver la TV.

Dice el psicoanalista Didier Dumas que "la construcción mental del niño no depende del coito que le ha dado forma sino de cómo los padres lo han concebido mentalmente".[74] Soñarlo, hablarle, darle un lugar en el orden familiar, saberse deseado en el corazón de sus padres. La actitud emocional y psíquica de los padres contiene la estructura del sujeto que está por venir. Sus dudas, temores, deseos y fantasmas forman un pre-útero para el embrión. Al nacer somos portadores de dos energías que se unen: la memoria biológica que nos constituye como humanos y la memoria de ambos linajes. En ese juego –a veces en sintonía, en diálogo cordial, y otras veces más conflictivo y arduo– se mueve el "destino" de las personas.

Por un lado, está la memoria biológica que almacena los procesos de evolución, y por otro, esa zona que nos torna únicos y especiales, la psiquis. Las actitudes, reacciones, habilidades, prohibiciones, mandatos, valores, modos de funcionar, prejuicios, elecciones y gustos, en sus infinitas combinaciones, nos hace a cada uno, seres particulares, de innumerables posibilidades y de enorme riqueza por las diferencias. Lo diremos con este

---

74   Van Eersel, Patrice y Maillard, Catherine (2013). *Mis antepasados me duelen.* Barcelona. Obelisco.

ejemplo: orgánicamente, Leonardo da Vinci y Buda, Juana de Arco y Simone de Beauvoir, todos eran humanos. Psíquicamente, cada uno fue único.

Buena parte de esa particularidad se funda en el sistema de creencias de nuestro clan. Si bien cada miembro de una familia aloja en su inconsciente la memoria de los recursos que utilizó con éxito y los fracasos vividos a lo largo de muchas generaciones, es el modo particular de traducir esas emociones, reacciones y acciones que cada familia instituye como "lo que corresponde" lo que marca a cada uno: huellas que le indican qué hacer, cómo hacerlo, por qué conviene elegir o eliminar determinados caminos.

Muertes en personas jóvenes, exclusiones, abortos, hijos sin reconocer, humillación, vergüenza, locura, incestos, exilios, persecución política, estrés laboral, sentimiento de rechazo o discriminación, así como gran fortuna en los negocios o capacidades para el arte, forjan el archivo de las oportunidades y traumas vividos por nuestros ancestros. Aquello que ha quedado sin gestionar se repetirá en las siguientes generaciones porque sigue reclamando solución. Si hubo logros, progreso y felicidad, las nuevas generaciones gozarán de un piso más firme desde donde construir su existencia, y desde ahí seguirán prosperando. Si hubo conflictos, crueldad, intemperie emocional, miseria, despojo, enfermedades y deseos insatisfechos, los descendientes deberán trabajar en la ampliación de la conciencia para superar esos obstáculos que impiden una vida más plena, sana y con futuro para quienes los sucedan.

¿Cómo hacerlo? Conociendo las memorias transgeneracionales, reconociendo los programas heredados y soltando las lealtades invisibles: un "patrón" que nos gobierna y nos impide el desarrollo de nuestra libertad. Indagar en las memorias reclama rastrear una información de oro, las almacenadas en el P&S.

La denominación "Proyecto & Sentido" es un concepto creado por el psico-oncólogo Marc Fréchet (1947-1998) a partir de un trabajo de autoindagación en su propia experiencia vital. Fue concebido para aligerar el grado de la pena de cárcel que le sentenciarían a su madre; el jurado sería más clemente con una mujer embarazada. Este futuro médico –una profesión elegida para asistir a otros antes que a sí mismo es un programa– sufrió los primeros 9 meses "de cautiverio" intrauterino, y luego de nacer, 9 meses más en prisión junto a su madre. Murió poco después de

138

cumplir 40 años. Su proyecto fue el del "salvador": vivir para solucionar los problemas de los demás.

Por la teoría de Fréchet usamos el término más popularizado, "Proyecto & Sentido" (también conocido como guion gestacional, o programa de vida, según diversos autores y con diversos matices).[75]

Hablamos de un período que abarca desde los 9 meses previos a la concepción (el hijo es una idea en la cabeza de sus padres), la concepción misma, el embarazo, el parto, el nacimiento y los primeros 3 años de vida (que es la edad en la que se finaliza el proceso de mielinización de la red neuronal). Hay autores que lo extienden hasta los 6 años, comienzo estándar de la escolaridad.

Sin embargo, estamos en deuda con los estudios realizados mucho antes en el campo de la Psicología Prenatal. Empecemos por la Filosofía: efectivamente, como nos recuerda Salomon Sellam, ya en 1649, René Descartes plasmó en su libro *Las pasiones del alma* lo siguiente: "...es fácil imaginar que las extrañas aversiones de algunos, que les impiden soportar el olor de las rosas o la presencia de un gato y otras cosas parecidas, provienen solamente de que, en los comienzos de su vida, han sido molestados en gran manera por algunos de estos objetos; o bien porque han participado en el sentimiento de su madre, que ha sido molestada por ellos estando embarazada. Porque es cierto que hay una relación entre los movimientos de la madre y del niño que está en su vientre, de modo que, lo que es contrario al uno, daña al otro y queda impreso en su cerebro hasta el fin de su vida". Insisto: estamos en las reflexiones que circulaban en el siglo XVII.

Otro punto de partida indispensable es el psicoanálisis de Freud y sus discípulos (Otto Rank, Sandor Ferenczi, Wilhelm Reich, Karl Jung) que llevaron el análisis desde la infancia a "profundidades" más arcaicas, explorando la dinámica del nacimiento.

Las diferentes líneas de investigación sostienen que las experiencias de autoconocimiento que ofrecen las técnicas de re-conexión con el propio nacimiento son más reveladoras que una biblioteca sobre perinatalidad.

---

75 Se puede ver, por ejemplo, la obra del médico francés Salomon Sellam y del médico argentino Gabriel Castellá que muestran diferencias de enfoque al estudiar este período clave en la existencia humana.

A modo de mapa, para los lectores más interesados en este aspecto, les cito a la especialista griega Olga Gouni[6], quien delimita tres grupos de investigadores. Los clasifica en tres tiempos, a saber: los "Pioneros", la "Generación Media" y los "Portadores de la Antorcha".

1. "Pioneros": abordaron asuntos como el trauma del nacimiento (Otto Rank), la teoría de la genitalidad (Sandor Ferenczi), el afecto umbilical (Nandor Fodor y Francis Mott), los Arquetipos (Karl Jung), el síndrome de estrés postraumático (Pierre Janet), los sueños prenatales, el gemelo sobreviviente (Lietaert Peerbolte), la protección corporal (Wilhelm Reich) y biosíntesis (David Boadella).

2. Luego sitúa a los exponentes de la "Generación Media" en la cual destacan las intervenciones conocidas como terapia primaria (Arthur Janov) y terapia primaria con recién nacidos (William Emmerson), la conciencia celular (Graham Farrant), el síndrome de angustia de la madre y el feto (Frank Lake), la inteligencia prenatal (David Chamberlain) a quien destaco especialmente en este grupo.[7] También la teoría de las "matrices prenatales y perinatales" desarrolladas por el médico checo Stanislav Grof, que comentaré más adelante, cuyas prácticas –como las técnicas de simulación de parto para sanar el trauma de nacimiento, entre otras– son oportunidades para reflexionar sobre las propias experiencias, comprenderse y comprender el universo que implica asumir el enorme compromiso de dar a luz. Finalmente, el paradigma y prácticas desarrolladas por la psicología prenatal integral a cargo de Jon y Troya Turner.

---

76 En la web de su institución se ofrecen formaciones en este sentido. https://www.cosmoanelixis.gr/en-us/findacourse.aspx

77 "La verdad es que muchas de las creencias que albergábamos sobre los bebés son falsas. No son seres sencillos, sino complejas criaturas sin edad con una asombrosa cantidad de pensamientos". Chamberlain, David (2013). *La mente del bebé recién nacido*, España, Ob Stare.

Otros valiosos aportes son los de:

- Marc Fréchet, quien además profundizó la postura científica sobre la vida pre-uterina y estableció la teoría de los ciclos biológicos celulares memorizados (CBCM): una dinámica inconsciente, cíclica, comportamental y cronológica que registra tanto los eventos dramáticos como las soluciones ganadoras.

- El psiquiatra Thomas Verny (junto con John Kelly), dedicado al campo de la psicología pre y perinatal, en su obra de 1981, *La vida secreta del niño antes de nacer*, propuso que el bebé intrauterino es un ser que oye, percibe y siente. Así, las experiencias, los proyectos, los deseos conscientes e inconscientes que la madre y el padre tienen desde 18 meses antes del nacimiento del hijo (9 meses antes de concebirlo y 9 de embarazo) son grabados por el bebé, quien posteriormente se ve impulsado a repetir esta grabación el resto de su vida. Esto sucede así porque el papel de la mente es crear coherencia entre sus programas y la vida real.

- Bruce Lipton[8], difusor de los avances en epigenética, afirma que cuando el inconsciente percibe un estímulo desencadena de forma automática una respuesta que fue aprendida cuando detectó ese estímulo por primera vez. Por eso considera que es un sistema de lo más ingenioso que ayuda a garantizar la supervivencia de la descendencia, porque coloca al niño en el mismo ambiente que sus padres, y adoptará sus experiencias, así como adaptará su fisiología para responder a lo que el útero-externo, la madre con sus cuidados, le transmite. Los estímulos del entorno regulan la actividad del bebé, como si siguiera una misma melodía familiar.

- A esta noción le sumamos el concepto de "impronta" o *imprinting* acuñado por Konrad Lorenz, zoólogo y padre de la etología para describir el proceso biológico de aprendizaje programado del recién nacido que sucede en el período sensitivo previo al nacimiento y tras el parto.

---

78 Lipton, Bruce (2021). *La biología de la creencia*. España. La esfera de los libros.

- Estos y otros estudios apoyan desde la clínica y las neurociencias las conclusiones en psicología perinatal. Muchos de los principios básicos de la psicología integral prenatal (*whole-self*: yo completo o totalidad del ser), nos adentra en la posibilidad de reflexionar sobre cómo cada uno de nosotros se origina físicamente de nuestros padres, abuelos y otros ancestros, así como de los impactos de la sociedad y la cultura, el "ADN emocional". Cada uno de nosotros nace con un menú completo de patrones emocionales. A través de la "Psicología del Ser Completo" captamos el residuo de las reacciones de nuestros padres a los eventos traumáticos durante sus embarazos. Por ejemplo, si una madre es traicionada durante su embarazo, su hijo nace con ese sentimiento de traición y vive la vida sin confianza. "Cuando el cliente puede reconocerlo, el patrón puede liberarse".[9]

3. Finalmente, tras los "Pioneros" y la "Generación Media", Olga Gouni cita a los "Portadores de la Antorcha" (¡ella misma es una de las portadoras!). Así como tantos otros, anónimos, estudiosos... De alguna manera, todos aquellos que investigamos este apasionante universo del origen que nos conforma como sujetos.

En sesión...

En una sesión donde la traumática "falla" del cuerpo se desactiva, cuando el consultante encuentra a quien le acompañe a entrar en la subterránea galería inconsciente de los orígenes, aparece otra dimensión, y la persona se nutre de la fuerza vital de su inicio de la vida, tal como es considerada en los parámetros del P&S.

Esta "invisible" y potente bomba de resonancia en nuestras vidas, llamada período pregestacional (o con otros nombres según los autores) guarda la información consciente o inconsciente, las creencias, los deseos, pensamientos y emociones de ambos progenitores. También, tanto sus éxitos, logros y finalidades positivas (alegría, progreso, confianza),

---

79 https://wholeselfprebirthpsychology.wordpress.com/about-the-turners/

como las que señalan dolor, sacrificio, enfermedad, conductas antisociales, fraude, desmotivación, etc.

El hijo siempre se traduce como "la solución" a una necesidad; es la respuesta del "para qué". Y es también un conjunto de consecuencias que se expresarán por diversas vías: enfermedades, elecciones de vida, profesión o conductas diversas. A veces el segundo hijo viene a salvar a su hermano mayor. Se conoce como "efecto águila".[80] Ese segundo hijo tiene una misión, que su sangre lo nutra en una intervención quirúrgica, o por futuras complicaciones en las que actuaría de "reserva".

Veamos algunos casos que tuve la oportunidad de atender en mi consulta:

- La pareja está vencida. Ya no tienen un gramo de esperanza. Todos los intentos de fertilización in vitro han fracasado. Se van de viaje para recomponer la relación, muy desgastada en los últimos cuatro años. Y al regresar, la noticia deseada, el milagro: vuelven embarazados. Ahora es el miedo la emoción que pasa a ocupar el espacio que antes ocupaba la incertidumbre, el no poder, la insatisfacción. Dolores extremos de cabeza, migraña y nervio trigémino latiendo como un taladro en la cara de la mujer gestante durante los 9 meses. No hay reposo posible. Un tiempo de terror a lo que pueda pasar (los diagnósticos previos a cada intento habían sido muy desfavorables respecto de la salud del bebé debido a antecedentes en la familia paterna de macrocefalia). El bebé es diagnosticado al nacer con anencefalia (defecto de nacimiento grave, sin la formación de partes del encéfalo y el cráneo). Si nos ajustamos al porcentaje de los estudios dentro del paradigma hameriano[81], el 90% de los cánceres en niños menores de tres años son la fase de solución de un conflicto de los padres vividos intrauterinamente. Aunque la medicina convencional lo nombre "cáncer", para

---

80 En esta especie, las águilas, el primer nacido se come al segundo, quien viene para servirlo, para hacerle de primera comida.

81 Me refiero a los postulados del Dr. Hamer, Ryke Geer (Nueva Medicina Germánica). Sugiero la lectura y los nuevos aportes en este sentido del médico argentino Callejón, Fernando. http://www.aamepsi.com.ar/ y en particular su libro No es posible curarse, sin aprender a vivir.

este paradigma son un conjunto de sintomatologías que aluden a una prehistoria de los adultos que se debe desprogramar para acompañar el restablecimiento de la homeostasis en el bebé. El miedo y el síndrome de "disco rayado" a los que se vio sometida la madre buscando una solución al conflicto entre querer y temer (contradicción y tensión) arroja una patología en el hijo que "compensa" el miedo a la macrocefalia.

- Una mujer ya no tolera convivir con sus padres, embarazarse puede ser la puerta por donde la expulsen del hogar y la obliguen a casarse. Parece una situación desgraciada, pero ella lo percibe como liberación. Esta contradicción se imprimirá en el sujeto portador del P&S a lo largo de su vida. El matrimonio no se sostiene. Se separan antes de que la niña cumpla un año. De adulta, la chica decide entrar a una congregación religiosa (como una manera de dejar la casa materna sin el riesgo de necesitar quedar embarazada para salir de la misma).

- Una pareja adolescente (ella 16 y él 17 años) quieren poner fin al romance cuando se enteran de que hay un hijo en camino. Sabiendo que serán reprochados por ambas familias deciden abortar. Por falta de medios la chica realiza una serie de "intentos de aborto": se golpea el vientre (así lo refiere ella), ingiere unos brebajes en base a hierbas supuestamente abortivas, y se tira desde una colina rodando en repetidas ocasiones (entre otras búsquedas de autocastigo). No logra abortar. El niño que nace escucha de boca de su madre: "No deberías haber nacido, fuiste un accidente". Es zurdo. En la primera infancia el chico sufre caídas y dolencias a repetición (quebradura de mano derecha, rotura de hombro derecho, contusiones por caer de la altura del techo y varias luxaciones en sus miembros inferiores). En la adolescencia sufre dos choques severos a bordo de su moto. De adulto se dedica a los deportes extremos. Es un competidor de elite en las disciplinas acuáticas más riesgosas. En cada etapa repite escenas grabadas en su fase intrauterina: "vivir es riesgoso".

- Un hombre casado desea un hijo y su esposa no acompaña ese deseo. Él tiene una aventura extramatrimonial y deja embarazada a su amante. Si bien reconoce a ese hijo con su apellido, nunca tendrá vínculo afectivo con el niño ni le dará la parte de sus bienes que le corresponden. Al crecer, interesado en su origen, el joven rastrea la historia, sin éxito. No consigue los datos de su progenitor. Ya adulto, como abogado genealogista, se dedica a los temas de testamentos, patrimonios, sucesiones y búsqueda de herederos. Un modo profesional de compensar su "falla" de origen.

- Una mujer con 8 meses de embarazo, atraviesa el duelo de perder a su madre ("¡Con lo que ella ansiaba ser abuela! Morirse trágicamente un mes antes de mi parto, por ir a esquiar. Imperdonable"). La niña nace con estados de ansiedad, llanto inconsolable. De pequeña sufre por sus conductas antisociales, "frías" y distantes con su grupo. En la adolescencia, el duelo sin tramitar por su madre y el accidente de la abuela en la nieve se traduce en sobrepeso: la reserva de grasa como manera de conservar el calor, de alejarse del peligro, de morigerar el golpe. Cuando analizamos este aspecto, la joven (con 16 años) revierte su patología emocional, decaen sus crisis de ansiedad y pierde el sobrepeso de forma natural.

En cada caso, estas vidas están condicionadas por el Proyecto & Sentido, cuyos programas se reviven a modo de búsqueda de explicación ante un profundo estrés inconsciente. Como adultos, los pacientes, al revisar las condiciones de su llegada al mundo, pueden ver el guion, reconocerlo, aceptarlo, devolverlo y transformarlo. Esa es parte de la sanación que la terapia vehiculiza.

Como se aprecia, la vida intrauterina marca una tendencia en la dirección de esa vida. Ya son numerosos los estudios neuronales que confirman que no solo el bebé oye, percibe y siente las emociones del entorno, y en particular de su madre, de modo que graba, y se verá direccionado a repetir esa grabación, buscando responder coherentemente al programa.[82]

---

82 El psiquiatra Thomas Verny se destaca con los aportes pre y perinatales desde la década del '80. Ver *La vida secreta del niño antes de nacer* (1988). España, Urano.

Son los lenguajes del cuerpo y el comportamiento para cumplir con ese proyecto parental que no es suyo. En ese conflicto, en tal contradicción, se construye la identidad de quienes escuchan una música que no les resulta propia para danzar su propio baile.

El amplio abanico de programas que genera el Proyecto & Sentido es sorprendentemente variado, ya sea que asumen el pacto y repiten el proyecto parental, o que lo viven por oposición, nunca es la hoja de ruta de un viaje personal. Esa herida original debe ser sanada para evolucionar.

¿Descubriste tu P&S?

Cada vez son más las pruebas que demuestran que las cond'c'ones de v'da en el útero tienen tanta 'mportanc'a como los genes a la hora de determ'nar cuál será el desarrollo mental y fís'co durante la v'da. Esto hace referenc'a a los mecan'smos ep'genéticos.

Peter W. Nathan'el

Nuestra v'da prenatal nos 'nfluye a lo largo de la v'da. Ser consc'ente nos hace l'bres.

Olga Goun'

Anteriormente citamos unas páginas de esta gran estudiosa del periprenatal: Olga Gouni. Ella es directora de Cosmoanelixis, psicoterapeuta e investigadora especializada en Psicología Prenatal, profesora de la Universidad de Kapodistrian (Grecia), editora de la revista *The International Journal of Prenatal & Life Sciences* y autora de muchos libros, entre ellos *100 años de Psicología Prenatal*, que es un faro en estos estudios, iluminando la tarea terapéutica.

Coincido con su mirada sobre la incidencia de las intervenciones cuando en consulta escuchamos las narrativas de los pacientes (tanto somáticas como verbales): pistas invalorables para volver a la homeostasis de la salud. "Cuando los psicoterapeutas aprenden a leer las causas del conflicto y cómo restablecer la reconciliación, cuando se familiarizan con los signos primarios en todos los aspectos de nosotros (palabras, células,

146

arte) en todos los niveles, pueden acortar el proceso de curación, ya que podrán llegar al núcleo desde el principio evitando el círculo vicioso de dar vueltas en escenarios repetidos".[83]

Apoyada en la especialista griega, coincido con su concepto de "crianza prenatal". Los cimientos de estas etapas pre-concepcional y pre-parto son la base de la futura salud integral, y si bien no afirma que la vida es un sendero de rosas, ayuda a minimizar la vulnerabilidad al estrés profundo, los trastornos sociales, educativos, y propicia el desarrollo de niños que saben disfrutar, son autónomos, creativos y respetuosos del medio ambiente. Así como han sido traídos al mundo, así devuelven esas bondades.

Sabemos que desde la antigüedad se consideró el juego simbiótico-emocional madre/bebé. Ya en la India, por ejemplo, en el siglo VI a.C., Súsruta, reconocido médico de la época, proponía su hipótesis de que el feto a las 12 semanas era capaz no solo de percibir su medio físico sino también de buscar activamente sensaciones. Empédocles, en el año 490 a.C., consideraba que el desarrollo del embrión podría estar guiado por el estado mental de la madre. Tanto Hipócrates, 400 a.C., como Serenus, siglo I d.C., estaban convencidos de la influencia de la embarazada sobre el niño que llevaba en su vientre. En China, desde tiempos inmemoriales se organizaban clínicas prenatales para garantizar la tranquilidad de la madre y así beneficiar al bebé intrauterino. Pero algo se "olvida" en la cultura y se produce un extenso hiato. Un fenomenal salto al vacío.

Será recién a finales del siglo XIX que se vuelve a iniciar el interés por la vida prenatal. Ya en los años '70 del siglo XX, con la aparición del ultrasonido, se retoman la mayoría de las investigaciones relacionadas con la vida intrauterina. El gran propulsor de esta nueva visión, como ya dijimos, fue Thomas Verny, psiquiatra canadiense de avanzada, el gran promotor de la psicología prenatal.

Cuando una pareja desea pasar de la díada a la tríada, los invito a revisar sus propias experiencias como bebés intrauterinos. Se trata de convocar el resentir del viaje iniciático (un poco antes y un poco después de nacer), para comprender el presente, sus limitaciones y bloqueos, la falta

---

83 Entrevista a Olga Gouni: https://eipmh.com/interview-olga-gouni/. Para más información https://www.cosmoanelixis.gr/en-us/findacourse.aspx

de propósito y la imposibilidad de concebir, así como la felicidad y plenitud oceánica del acontecimiento inicial.

La pregunta conduce a varias situaciones inconscientes: ¿qué programaron para ti, para qué te invitaron a la vida, cómo asumiste esos retos hasta ahora y cuánta decisión tienes a partir de la toma de conciencia para re-programarte?

Es, además, una instancia de validación de recursos obtenidos, dones, habilidades y respuestas beneficiosas. No todo es un programa de hostilidad y obligación, fracaso o frustración, pero estamos ligados a nuestro Proyecto & Sentido y a veces no podemos conciliar nuestra vida con eso que "escribieron" otros para ella. Aquí es cuando el estrés prevalecerá en el límite superior tolerable y se convertirá en una enfermedad o en un conflicto o en comportamiento disruptivo. La terapia se enfoca en cada uno de los espacios-tiempos del programa, para explorar el transgeneracional, las huellas de la vida fetal, los eventos en torno del nacimiento.

Tomar conciencia es un paso que constituye una verdadera evolución en el desarrollo, ¿cómo saber hacia dónde ir si tus pasos no conocen el camino para llevarte?

Van algunos ejemplos clínicos para alumbrar esas zonas entre brumas:

- "Mala noche y parir hembra". Esta conocida frase se le adjudica al general Francisco Javier Castaños, vencedor de los franceses en la batalla de Bailén. En medio de un terrible aguacero, trabajando en temas políticos, pronunció aquella sentencia cuando supo del nacimiento de una niña y no de un varón como sucesor del trono. Semejante a la maldición: "Ojalá que todos tus descendientes sean hembras". Expresiones que ya están grabadas en el imaginario colectivo. Hubo tiempos en los que en Europa no se anotaban a las niñas en los registros de personas, y en Oriente se ahogaban a las recién nacidas. Tal vez, en muchos puntos del planeta hoy no sea una desgracia ser mujer, pero en algunas familias todavía subyace esta percepción.

- ¿Cómo fue en tu caso? Si tus padres esperaban varón, tenían ropita de nene y el nombre elegido, y al nacer te vieron niña, te improvisaron un nombre y no hubo un recibimiento entusiasta; y si además tienes el dato de haber nacido podálica, o parto de nalgas o de pie, o ser zurda, es muy probable que te sientas contrariada en tus acciones, con deseos insatisfechos, porque debes elegir entre ser o complacer. Ya desde el útero sentiste que afuera esperaban a alguien distinto de ti. Devolver este programa de "niño" a tus padres y reprogramarte, "soy bienvenida como niña", puede ser el inicio de tu gran transformación interna. Si te quieren porque te comportaste como un varón será difícil embarazarte cuando decidas dar el paso a la maternidad. Tal vez ese embarazo tan buscado, luego de esta "carta de renuncia" al deseo ajeno (carta que escribirás y entregarás simbólicamente a los padres de la época en que naciste), te permita desbloquear esa llamada "infertilidad". Esta es la reseña de un caso real que tuve en consulta. La mujer logró la reprogramación al "devolver" el proyecto que le escribieron y re-escribir su propio sentido.

- Repara mis errores. Cuando los padres proyectan en su hijo la realización de sus obras o deseos inconclusos, el hijo siente la obligación de ser eso que los demás esperan de él. Enferman de "lealtad invisible". Prefieren morir a defraudar a sus mayores. No encuentran el sentido de su propia vida. O si, en cambio, redirigen su existencia alejándose de las "equivocaciones" del pasado de sus mayores, pagan el alto precio de la exclusión. Es el caso de una arquitecta, Julia, concebida sin que las cuentas sean las apropiadas (nace con "10 meses de embarazo"), y es testigo a los 10 años de una escena perturbadora, cuya huella sigue impactándola. Su abuela paterna muere. Unos años antes, la anciana había cortado el vínculo con su nuera, la madre de Julia, porque antes de enviudar quedó embarazada. Julia es la hija de un amorío de su madre con un hombre casado en la etapa final de la enfermedad de su marido. Por esta ruptura, pierden la casa donde vivían, propiedad de la abuela paterna, las dificultades económicas se precipitan, al nacer no es reconocida y vive años de intemperie "porque no había un techo seguro". Cuando acude con su madre al velorio de la abuela se suscita una fuerte discusión entre los hijos de la fallecida y la "cuñada traidora con una hija bastarda". Mientras esto sucede, alguien del clan, conocedor de un secreto familiar, rompe una pared a martillazos y recupera una fortuna escondida en el hueco del muro. Julia presencia ese accionar y graba su sentido familiar. De grande estudiará arquitectura (el inconsciente le reclama "saber hacer un techo seguro" y le dice que "en las paredes hay dinero"). Sin embargo, no tiene pareja por miedo a enviudar y porque teme quedar embarazada, pero está pensando en tener hijos mediante la donación de un banco de esperma. Su información inconsciente la protege de la deshonra familiar y de la precariedad de no tener casa. Repara a medias con la profesión. Le falta soltar la programación de "hija de la viuda" y encarar su proyecto de maternidad de forma más saludable.

- No esperamos tu llegada. Son los hijos "accidente" o "del enganche". Ya sea que el embarazo no fue buscado o que se necesitó un hijo como medio para evitar algo (por ejemplo, quedar fuera de una herencia, evitar el divorcio, conseguir la visa en un país extranjero), hablamos de sentimientos de desvalorización, de no sentirse completamente un sujeto, sino un objeto al servicio de los otros. La sensación de no-merecimiento acompaña a esos hijos que se perciben "instrumentos" para la vida de sus padres. Fueron concebidos para "servir" y no alcanzan la propia realización (tardan en dejar la casa familiar, no tienen pareja, ni viajan, ni estudian; dedican sus días a los demás, viven parasitariamente o se dejan parasitar). En este contexto, pensarse "madre" es muy complicado. Esa energía está ocupada para ofrecerla a quienes vampirizan su independencia. El sujeto se siente atrapado, encerrado en un círculo que le demanda cuidado y a la vez lo sojuzga. Pagan siempre una deuda impagable, infinita: el error de haber nacido. Un ejemplo más para ilustrar: la pareja está en crisis cuando se enteran que han quedado embarazados. Sandra pide una consulta, todavía tiene huellas visibles de un evento dramático mientras conducía el auto. "Marta es una hija accidente", dice la paciente, 14 años después, en sesión, y ya separada (el "hijo accidente" no alcanzó a ser un poderoso "pegamento" más allá de los primeros 7 meses de la bebé). Todavía tiene el brazo derecho enyesado, debido al choque sufrido. Conducía por una ruta interna, sin tránsito ni obstáculos y, sin embargo: "en un segundo me distraje, no sé qué pasó ni cómo pasó, pero las dos rodamos por la banquina. El auto había volcado". Marta quedó cabeza abajo, pero ambas (madre e hija), sin ayuda externa, lograron salir atravesando el baúl. Cuando profundizamos en esta metáfora del "accidente" la fecha impone su calendario: había sucedido el mismo día de concepción de la niña. El inconsciente vuelve a exhibir el descuido y trae un nuevo mensaje para revisar en el presente: ser una hija-accidente, ser "un error", le consume a Marta energía vital en plena adolescencia y la torna una chica iracunda, insolente y con conductas irresponsables; si la información se oculta, el inconsciente pujará por reinstalar lo silenciado. Ahora se manifiesta en la rebeldía y falta de confianza de la joven con su madre, haciendo insoportable el vínculo. Sandra se muestra preocupada por la conducta de su hija. Sugiero instalar el tema de su concepción en tiempos de crisis matrimonial y hablar de las experiencias atravesadas: la comunicación sobre su origen, le digo, puede dar nuevas respuestas. Así se hizo. Esto alivió las reacciones violentas e incontrolables de la joven. Ese "saber" la protegerá en relación a una futura maternidad no deseada.

- Crear en lugar de criar. Cuando las madres tienen algún grado de toxicidad como las que analizamos anteriormente (Medea, cocodrilo, infantil, adulterada, etc.) sabemos que son seres incapacitados para ofrecer el abrigo y las palabras necesarias. Las hijas de estas mujeres traen el mismo "genoma" de imposibilidad de criar de forma "suficientemente buena" y pueden o no quedar embarazadas, pero si llegan a ser madres no conectan fácilmente con el bebé. No entienden ni acompañan sus emociones ni su contacto físico. El resentir de distancia impregnado en su propia historia les impide revertir la forma de relacionamiento. Rechazo, congelamiento del vínculo y delegación de las tareas que son eminentemente reservadas a las madres salutogénicas son las formas de hacerse cargo. Suelen ser además quienes actúan de barreras para evitar el vínculo con el padre. No favorecen la relación bebé-papá. Es el caso de Angie, una psicóloga que asume con total franqueza no haber podido encarar su maternidad amorosamente. Es, a su vez, hija de una mujer fría, distante y desapegada ("pero de avanzada para su época, creadora de un instituto de música, formadora de artistas. Mi madre supo crear pero no criar", dice la hija). Angie, esta mujer de ya casi 60 años, con gesto y voz de niña abandonada, habla como si estuviera en el ojo de la tormenta del abandono infantil. Se casa de grande y se embaraza "porque estaba en el límite de edad y tocaba". Asume que le causaba rechazo la piel del niño que había parido y reconoce que dejó a cargo de cuidadoras su tarea primordial. No pudo ser "traductora" de las necesidades del bebé, acoger su mirada y devolverle las caricias que lo formaran. El niño crece en un ambiente desafectivizado y sin comunicación con el padre. Sabemos que si ese vínculo no se produce es, la mayoría de las veces, porque la madre no lo teje. Y esto "desprotege" la subjetividad del infante. Ante la pregunta "¿para qué deseabas un hijo?", Angie responde: "Porque ya tenía 40 años". Insisto: "Pregunté ¿para qué?, no ¿por qué?". Duda. Hace silencio. Por fin dice: "Para no arrepentirme después de no haber tenido hijos. Pero me arrepentí igual". En esta cadena, Luis (hoy de 20 años, adicto a la cocaína y con serios problemas de conducta social), Angie (la psicóloga especialista en adicciones) y la abuela del chico forman un mismo collar cuyas perlas pesan de ausencia de vocación materna, de imposibilidad de dar afecto, de falta de disponibilidad amorosa y de descuido de la vida. Escuchar estos relatos y reorientar la mirada, salir del autocastigo y avanzar a conciencia ampliada son las estrategias a poner en marcha desde la terapia.

Remarquemos: si hay concepción hay deseo (aunque sea inconsciente) pues la fertilidad se gestiona con el deseo inconsciente que responde a la pregunta "¿para qué?". Esa pregunta ronda en los futuros progenitores al menos 9 meses antes de concebirlo. Luego será el turno de transitar las etapas de embarazo, parto y primera crianza. Por este viaje (unos 5500 días aproximadamente de una travesía impuesta y de la cual solo nos liberamos cuando la toma de conciencia permite iniciar el propio viaje) navegan las emociones de la pareja, y sobre todo, la relación de la madre y su cría.

Dependiendo de las circunstancias que viva la mujer al desear un hijo, o sin desearlo, saberse embarazada y reaccionar con alegría, temor, rechazo, vergüenza, así como el modo de gestionarlo, reflejará el *imprinting* que modelará la estructura de la existencia del nuevo sujeto.

Si bien esa primera impronta marca una predominancia a ser temerosos, avergonzados, felices, seguros o victimizados, no determinan la vida del hijo. Siempre hay situaciones de toma de conciencia que revierten ese mal inicio y rescatan la dimensión invalorable de la vida con nuevos afrontamientos.

Comparto este caso: una mujer joven queda embarazada de un hombre mayor, su jefe en el trabajo, que la obliga a abortar y ella se niega. Para evitar el acoso, abandona el puesto y huye: "tenía que salvar a mi hijo", dice. Para el bebé en el útero la impronta de "abandonar y huir" serán estrategias para salvarse de la muerte o de otros desatinos cotidianos. Cuando sea adulto, traumatizado por diversos hechos, y tomando conciencia de una actitud reiterada como patrón de vida (abandonar y huir), que siempre lo deja a mitad de camino, imposibilitado de responsabilizarse o dar final a un proyecto, si logra conectar con esta información, si alcanza a reconocer esa memoria intrauterina, se aliviará. Podrá así dotar de sentido sus reacciones y hacerse cargo de un modo de funcionar que lo perturba, y modificar el molde de su sufrimiento.

En síntesis:

1. Un "proyecto" se relaciona con una "intención". Esa intención podrá ser más/menos explícita, formulada con claridad por uno o ambos miembros de la pareja; o podría ser para complacer a otros como un hermano mayor o los abuelos. También podría ser una intención implícita (mandato) o ser totalmente inconsciente (debo embarazarme para salvar este matrimonio). Esta intención se concreta con actos para sostener el embarazo. O puede aparecer el plan de interrumpirlo con la acción consecuente. Pero en muchos casos esta interrupción no se logra, y hay personas sobrevivientes con

este tipo de proyecto, que se podrá expresar mediante dolencias (tartamudeo), comportamientos extremos, profesiones de riesgo o rescate. Estas conclusiones se ven ampliamente confirmadas por la clínica.

2. El "sentido" indica una "dirección", una misión, una significación. El rumbo que toma la flecha y determina un programa a cumplir. Si en el embarazo la madre transita los últimos exámenes de su carrera y obtiene el diploma, implanta el programa de esfuerzo, dedicación y la obtención de logros. Para el futuro adulto este inicio marca una dirección favorable, que lo alentará a seguir su voluntad de progreso y esmero. Y, por ejemplo, si en el período de embarazo o al nacer, ocurre una muerte cercana o la pérdida de un trabajo, quedará asociada la idea de la llegada al mundo con tonalidad hostil, de carencia, inseguridad o duelo.

Busco, busco y no encuentro. Casos como brújula

Much●s aspect●s de la v'da adulta se gestan de acuerd● a las c●nd'c'●nes v'venc'adas p●r el fet● durante su estanc'a en el úter● matern●, espec'e de m●rada tempral ● suerte de pr'mera escuela. [...] en el ps'qu'sm● nac'ente, en el tej'd● celular fetal, en la memr'a ●rgán'ca, en las exper'enc'as fetales prenatales está el l'enz● para c●l●rear la pers●nal'dad del nuev● ser.
Gonzalo Med'na Aveledo

Es fundamental identificar el proyecto que nos estructura como sujetos (hijo de reemplazo, hijo bastón de la vejez, hijo esponja, hijo basura, hijo salvador, hijo cónyuge, etc.), así como interpelarnos sobre el nombre que recibimos (no es insignificante llamarse Consuelo o Jesús o Libertad), y evaluar las características de las dolencias que llevamos inscritas en las células, los *hobbies* elegidos, la profesión, el estilo de vida sedentario o nómade, ser vegano, sufrir desmedidamente ante la crueldad animal o cualquier otro "destino", tendremos un catálogo de información que espera ser decodificada.[84]

Si las emociones son el vehículo con el cual la madre "educa" a su bebé intrauterino, es imperativo prevenir, cuidar, fortalecer y diagnosticar cualquier alteración emocional en las gestantes. Muchísimas de las conductas o situaciones que vivimos están conectadas a ese tiempo fundacional que es la gestación.

Retomo nuestro tema: ser madre. Muchos embarazos deseados y sin éxito, o malogrados, o fallidos tras intentos de reproducción asistida revelan un programa de P&S sin cuestionar, sin saldar. Para ello, procuro acompañar, iluminando esa zona de un resentir muy arcaico, de la cual el sujeto no tiene plena conciencia pero que se expresa de forma inconsciente.

Tiramos de ese hilo con algunas preguntas y búsqueda de datos.

Te propongo que, mientras lees esta página, hagas esta indagación:

- Identifica si fuiste un hijo no deseado, si tus padres esperaban otro sexo del que nació (si eres zurdo o diestro en tus habilidades motoras), cuánto tiempo transcurrió entre tú y tu hermano (si se llevan menos de un año probablemente no haya sido un hijo buscado).

- Identifica si tu madre fue primigesta con tu embarazo o si ya contaba con experiencias de embarazos anteriores. Ubicarte en el orden de la fratría implica asumir tu rol, tu espacio, para mantener la "jerarquía" de los primeros y de los siguientes (según la propuesta de los "órdenes del amor", de Hellinger).

- Averigua si la concepción es una reparación de otro embarazo cercano sin nacimiento: un aborto espontáneo o buscado que se solapa con la llegada al útero de un nuevo embrión en medio del duelo. Ese resentir de "tiempo suspendido" formará parte del

---

84 Aclaro estos conceptos con una entrevista ofrecida para México a cargo de la escritora y genealogista Picazzo, Fabiola: "Memorias ancestrales y experiencias perinatales" https://www.youtube.com/watch?v=LhJbH06IwNY&t=358s

nacimiento que sigue, una huella que se imprime con la leyenda "ser-para-nacer" y que puede orientar las decisiones adultas cuando aparezca la posibilidad de ser madre (síndrome del yaciente, concepto elaborado por Salomon Sellam, médico francés nacido en Argelia en 1955, especializado en Psicosomática).

- Observa si tu nacimiento se produce tras la muerte de un hermano. En estos casos se presupone que es un hijo de sustitución: su vida en sí no vale más que para representar al muerto. Aparecen reacciones hostiles por poco satisfactorias, conflictos de dualidad –sentirse dividido–, ser siempre confundido con otra persona, o no ser reconocido en ámbitos laborales, por ejemplo; ya desde niños lo viven en la escuela. El P&S dicta: "no tienes permiso para ser".

- Busca nombres y fechas. El nombre que te eligieron ¿estaba en el árbol o es novedoso? Con quién hace eco (Mariana-Ana-Juliana). Verifica si tu nacimiento coincide (7 días +/-) con otro integrante de tu árbol. Calcula tres meses hacia delante para encontrar la fecha de concepción (tal vez caiga en el año anterior al nacimiento; por ejemplo, si naciste el 28 de febrero de 1958, sumando 3 meses llegas a 28 de mayo, pero con fecha del año anterior, la concepción fue en1957). La fecha de concepción (7 días +/-), generalmente silenciada en los festejos o aniversarios, arroja infinidad de elementos a considerar; constituye el mapa de eventos simbólicos más rico del calendario inconsciente. Este ejemplo es personal: el 25 de mayo, en la Argentina, marca una fecha patria fundamental, la de la revolución que consolida las bases de la futura Nación. Siempre fue para mí, desde mis años escolares, motivo de una celebración signada por una emocionalidad extrema, cuya causa solo me pude responder cuando hice esta simple cuenta: esa fecha patria coincide con mi concepción.

- Información documentada. Es importante rastrear y constatar si tus padres tenían casa, si estuvieron casados con otros antes de la unión entre ellos, si hay medios hermanos de otras relaciones. ¿Tuviste acceso a estos documentos: libreta de boda, partida de nacimiento, título de propiedad de la casa familiar?

- Boda. Puede haber habido convivencia sin casamiento; observa si hay registro civil y/o religioso de la unión. Si se contraponen las tradiciones de culto (católico y judío, por ejemplo), así como marcadas por conflictivas diferencias ideológicas o creencias. Busca fotos del evento. Busca a los miembros de ambos clanes y observa si intercambian abrazos, miradas o si permanecen alejados; si los dos linajes estaban presentes o si hubo excluidos.

- Revisa el contexto histórico, político, social. No es igual nacer en dictadura que en democracia, con crisis político-económica que en tiempos de paz y bonanza. Incorpora el estatus de posición económica (¿cuál de ambos clanes estaba en mejor disponibilidad de bienes?, ¿tu padre o tu madre logró un ascenso con esta unión (hipergamia) o un descenso en la clase social-económica (hipogamia)? Averigua cómo eran las finanzas familiares cuando te concibieron: vivían una época de bonanza, quiebra, ruina, herencias recibidas o perdidas, mudanzas, despidos, logros, desalojo, graduación universitaria, empleo profesional deseado, etc.

- Pregunta sobre los eventos significativos previos al embarazo: cambio importante vivido un año antes de quedar embarazada tu madre (vivencias en su casa, el trabajo, si hubo conflictos familiares, exilios políticos, muertes cercanas).

- Escucha los relatos y emociones al comentar el estado anímico cuando tu padre y tu madre conocen la noticia del embarazo: estupor, miedo, ansiedad, rechazo, alegría, festejo, sorpresa. Muchas veces "ese" momento es crucial en el P&S de una persona que no logra celebrar eventos novedosos o cambios en su vida.

- Indaga sobre las situaciones puntuales del embarazo: emociones al saber la noticia, si fuiste un hijo buscado o "accidente", la calidad afectiva de la relación entre tus padres. Trabaja con tu memoria, ¿recuerdas cercanía amorosa y física entre ellos?, ¿tu papá se iba de la ciudad y tu mamá transitó sola tu gestación?, ¿cómo se llevaban, hubo peleas que te resultaron traumáticas? Incluye en este recuento separaciones, contrariedad en la espera. Apoyo en la crianza. Infidelidades. Enfermedades. Traiciones.

- Investiga si el embarazo fue una etapa de tristeza de mamá por la muerte de un familiar querido, o falta de trabajo, o mala relación con tu papá. Sitúa la escena en el contexto histórico.

- Recolecta datos sobre las reacciones de la familia más cercana: alegría o disgusto de tus abuelos, celos de una tía soltera, por ejemplo.

- Salud. Averigua si mamá fue diagnosticada de diabetes de embarazo, preeclampsia u otras; si había adicciones en mamá o papá. ¿Hubo amenaza de pérdida? ¿Hizo quietud durante los 9 meses? ¿Hasta qué momento de la gestación estuvo activa en su trabajo? ¿Tomaba medicación antes de embarazarse?

- Condiciones del nacimiento. Tipo de parto (natural, cesárea, con fórceps, etc.), clima familiar (enemistades, riñas, litigio, falta de trabajo, desunión del clan), presencia de papá (acompañó en el embarazo, fue apoyo y sostén, estaba de viaje cuando naciste).

- Los mil días de oro. Sabemos que en el acompañamiento amoroso de los primeros 3 años de vida se funda la confianza y se valora el repertorio de satisfacciones como la estimulación corporal (arrullos, mimos, caricias, miradas). Estas prácticas "bañan" al bebé y son la base de la estructura psíquica de apego seguro, confiado y facilitadoras de la vincularidad posterior con otros sujetos de manera afable, afectuosa y positiva.

- Crianza. Averigua tiempo de lactancia. Quién fue la figura cuidadora (¿mamá trabajaba y quedabas con una niñera, la abuela, una vecina?, ¿papá se ocupaba?). Cómo se procedió en la etapa de control de esfínteres, la llegada de un hermanito, el acompañamiento en los juegos, las tareas escolares, las visitas al pediatra.

- Escolaridad. Desde qué edad se institucionalizó (jardín maternal a los 2 años, 3 años, o directamente en el inicio de la primaria). Recuerda cómo fue ese corte de ingresar a un espacio nuevo, distinto del hogar.

- Califica de 0 a 5 (donde 0 es nada y 5, todo) el período de escuela y el tránsito hacia la adolescencia. La vivencia de comprensión y cuidado. Cómo fue, cómo lo has vivido, qué sentir te ha quedado. Cuál sería tu emblema: ¿la libertad para expresar las emociones, la comunicación reprimida? ¿Cómo transitaste estas situaciones? Puntúa.

- Y algo más: registra en tu personalidad actitudes "extremas" en relación con tus elecciones (ya sea de trabajos mal remunerados, o de experiencias de parejas conflictivas), o tus reacciones de alarma ante el dolor ajeno, la sangre o las agujas[85], así como tus accidentes a repetición desde la infancia, ya sea por descuido de los mayores, o tus gustos aventureros o deportes exigidos, y de adulto por el exceso de velocidad al conducir y otros eventos o desafíos donde te veas arriesgando más de la cuenta. (Puede tratarse de una memoria de intento de ser abortado, amenaza en el útero o existencia frágil que se reavivará cuando el reloj biológico te recuerde que tu reserva ovárica está en tiempo de descuento).

A esta checklist deberías incluir otra que tenga como protagonista a tu abuela materna y su rol con tu nacimiento y con el nacimiento y gestación de tu madre. Algunas ideas para ahondar en el tema:

- Escena de pareja de mi abuela: ¿casada?, ¿en convivencia?, ¿primeras nupcias?, ¿hijos anteriores al nacimiento de mi madre?

---

85 Sugiero la lectura de un interesante estudio realizado en la Universitat Oberta de Catalunya respecto de la "belenofobia" (palabra que se usa para indicar fobia a las agujas) que daría cuenta de una memoria de aborto no realizado. La amenaza se graba como "mi vida depende de un pinchazo" que termine con mi existencia. ("Influencia transgeneracional en el sangrado ginecológico anormal, en la belenofobia y en la infertilidad. Un estudio desde las Constelaciones Integrativas® ", 2015. UOC). https://openaccess.uoc.edu/bitstream/10609/43824/6/ftorrijosTFG0615memoria.pdf

- Relación de mi madre con su madre: comunicación, afectividad, reconocimiento, servicio, obligación, reproches, etc.

- Relación de mi abuela conmigo: cuidadora, alejada, cálida, armoniosa, etc. ¿Cómo cree mi madre que es el vínculo que tengo con mi abuela? ¿Coincide con mi sentir?

- Evocar situaciones conflictivas en la cadena abuela-madre-nieta. ¿Cómo se resolvieron esos eventos? ¿Hubo pérdida de vínculo, distancia, reclamos, mayor confianza, ayuda?

- En situaciones conflictivas de tu abuela, tu madre: ¿a quién acuden?, ¿quién las ayuda? ¿Y a ti?

- Salud: ¿qué semejanzas y diferencias hay entre la salud de tu madre y de tu abuela? ¿Tienes sintomatología parecida a las de ellas?

Todos estos puntos varían y se modifican en el tiempo, cambian las circunstancias y la disponibilidad. Por eso hay tantas diferencias entre hermanos de misma madre y mismo padre (y misma abuela).

Padre y madre no fueron los mismos en sus deseos, situaciones frente al éxito material o el progreso profesional, los conflictos intrafamiliares o los embates económicos, con un embarazo y con el siguiente. Además, el orden de llegada de los hermanos los diferencia entre sí: misma genética y otra epigenética. No representa lo mismo ser primogénito que el tercero, o un hijo nacido tras la muerte reciente de un hermano. Cada hijo trae su propio P&S en el rango de fratría que ocupa.

Nos interesamos en profundizar las marcas del P&S porque desde allí derivan muchas de las razones por las cuales una mujer puede desestimar la maternidad como proyecto personal o puede sufrir por el embarazo que no consigue. Pues bien, la búsqueda de un embarazo que no llega implica una perturbación cuyo origen se remonta, probablemente, a episodios intrauterinos, "situaciones inconclusas" de la pareja gestante; variables que la medicina no contempla en sus diagnósticos.

Se trata de resentires que funcionan como cuentas sin saldar y se reiteran en la vida a fin de dar nuevas oportunidades de solucionar viejos conflictos. Los tratamientos fallidos pueden estar reclamando ser observados desde esta óptica a fin de ir a buscar las respuestas que no ofrece una ecografía.

Todos cargamos con dinámicas inconscientes familiares encriptadas en "cajas de sorpresa": fechas, nombres, lugares de residencia y vivencias de quienes nos precedieron; así como influyen sobre nosotros las creencias, elecciones de costumbres sociales, hábitos, modos de emocionarse o guardar las expresiones más íntimas. Tuve una paciente sueco/francesa, una joven de 43 años que se había practicado ocho abortos a escondidas de sus tres parejas, y lo mencionaba en estado de "congelamiento emocional". Su holofrase era: "mostrar las emociones es vulgar", algo que había aprendido de su madre de origen sueco. El perfil más conectado a sí misma lo alcanzó cuando revalidó su linaje paterno, francés. Es cuando pudo hacerse cargo, tomar conciencia y duelar.

El P&S es la puesta en marcha de la "fabricación" del bebé, así como la presentación de los fantasmas y los anhelos de los padres. Los logros y los obstáculos. Solo la puesta en conciencia consigue la "devolución" del programa original y la inauguración de una nueva partitura para nuestras vidas.

Salomon Sellam estableció una categorización pormenorizada para el P&S. Aquí solo menciono las principales y aporto ejemplos de mi clínica personal:

- **Natural.** Es el guion predominante de placer/displacer con el que teñimos nuestra existencia según la experiencia de nuestros padres. Somos un reflejo de sus conflictos, actuamos sus necesidades: "Mis padres hablan confianza, yo hablo autoestima". "Mis padres hablan carencia, yo hablo inseguridad", dice Sellam.

  Traté un caso interesante para este tipo de P&S: un médico de 60 años, ya jubilado, consulta por cáncer de pulmón. Se había especializado en Psiquiatría y declara que no veía la hora de terminar su etapa laboral, "estaba tan agobiado que iba a enloquecer". Logra anticipar la jubilación por su enfermedad (o, más precisamente, la enfermedad "le sirve" para dejar de trabajar). Sin saberlo a conciencia, había elegido ser médico a muy temprana edad por su trauma original: desde bebé es obligado a deambular de casa en casa de familiares maternos porque su joven madre tiene un debut maníaco al tercer mes de nacido él, y debe ser internada en un centro de salud mental. Había sido concebido como producto de una violación. Lleva el apellido materno (lo cual suma al abandono una carga de incesto simbólico, ya que, como su madre, tiene el apellido del abuelo). Nunca compartió demasiado tiempo con la madre; los cortos períodos en los que ella salía de las internaciones psiquiátricas los recuerda como un caos de violencia y desconcierto. Un año antes de ser diagnosticado de cáncer, su esposa hace un episodio bipolar severo con intentos de suicidio y es internada en una institución de cuidados extremos. Se reaviva la herida infantil de abandono, agresividad y muerte; y el síntoma de "asfixia", miedo a no sobrevivir (falta de aire, exigencia del pulmón a trabajar más) reaparece en la escena adulta. El acompañamiento para su síntoma introduce esta lectura de espejos, de actualización de una herida arcaica. "Traducir" es dar sentido, y esa traslación alivia. Comprender siempre alivia y ayuda a completar el regreso al equilibrio perdido.

- **Explícito.** Es el hijo concebido para ser continuador del linaje según determinadas creencias de identidad (hobbies, profesión, capacidad económica, etc.). No solo trabaja el inconsciente para facilitar que los traumas y agujeros emocionales de frustración se reparen en las siguientes generaciones, también se acciona de forma dirigida por las decisiones conscientes a fin de lograr el objetivo. El resultado suele dar un hijo-sacrificio. El caso que les comparto de mi consulta lo ilustra: se ponen de novios en la facultad. La pareja se ve frustrada en su proyecto profesional y abandona los estudios cuando el embarazo los sorprende. Deben casarse y cambiar los planes. Proyectan su déficit en el hijo: "decretan" que el niño será un científico de prestigio y se lo dejan saber desde que es muy pequeño. Alientan sus estudios en esa línea, van a museos y exposiciones sobre adelantos científicos para despertar su interés. Visitan laboratorios y ponen a su disposición revistas de divulgación con temática de avances en las investigaciones biológicas. Pero, a los 18 años, el hijo opta por el arte. El malestar se profundiza en el vínculo padres-hijo. En esos años, el chico comienza a sufrir estrés y ataques de pánico por no alcanzar logros materiales, económicos. Solo cuando haga consciente que disfruta del arte a medias, con la culpa de defraudar las expectativas de sus mayores, cuando les exprese su derecho a elegir y se "desembarace" del enfado que carga podrá disfrutar de su decisión personal.

- **Urgencia.** Un drama inesperado cambia el rumbo de los acontecimientos y transforma la existencia del sujeto intrauterino.

  Pongo como ejemplo el de una mujer profesional de la salud, especializada en gerontología, directora de un geriátrico muy prestigioso en la ciudad. Mientras está en el vientre de su madre absorbe las emociones vividas por la gestante. En el octavo mes la abuela muere repentinamente. Ella iba a ser su primera nieta. (Se produce la ley de alternancia entre nacimientos y muertes, como si la biología dijera: "ya viene mi reemplazo, puedo partir"; esto deja una memoria incrustada en el bebé por nacer). La mujer embarazada cae en una depresión profunda y transita el último mes desolada; se sentía culpable por "no haber llegado a tiempo para darle esa alegría a su madre". La hija refuerza su resentir con la narrativa materna. "Ay, si la abuela hubiese vivido un poco más". De adulta elegirá especializarse en la tercera edad. Para el inconsciente, con su profesión, repara. No es feliz con esa tarea. Siempre deseó ser veterinaria. Recién cuando conecta ese evento de duelo de su madre por la muerte de su abuela con la insatisfacción profesional, advierte que está viviendo la vida diseñada por otros. Y revierte su profesión dando un giro absoluto. Deja la institución para dedicarse a la guarda y abrigo de animales abandonados. Crea un refugio y celebra su misión en la vida. Cuando hacemos una profesión que no nos gusta probablemente estamos reparando. Estela había vivido la mitad de su vida en una des-confirmación de su propio deseo.

  Un ejemplo más para ilustrar la confirmación, el otro extremo del péndulo: Clara es profesora de literatura. Desconoce los detalles de la migración de la abuela Chiara. Apenas sabía que su abuela viajó de Italia a América, llamada de urgencia por la familia, que la esperaba en Buenos Aires. No tenía muchos más datos; sabía que era pobre y que dejó la patria con dolor, que llegó sin ningún recurso lingüístico, salvo por unos folletines y los pocos libros que pudo cargar en su valija (casi lo único que pudo elegir traer como propio). Es un viaje forzado. Ella deseaba estudiar para maestra en su pueblo natal, en Nápoles, pero una tragedia al otro lado del océano la obliga a emigrar para colaborar con su hermana mayor instalada en la Argentina. Cuando este relato se comparte en una reunión familiar, Clara siente una fuerte emoción: reafirma su vocación literaria, comprende su llamado hacia los libros como un ancla que la salva del naufragio emocional, admira haber elegido esa carrera como un homenaje a esta abuela, que entonces era una jovencita, frustrada en su sueño de ser docente. Repara en alegría, confirma su elección y honra ser su doble, también por llevar el mismo nombre "traducido".

- **Secreto.** Un secreto familiar llega a la siguiente generación si no ha sido tramitado eficazmente; el hijo será portavoz de lo silenciado y lo manifestará en sus comportamientos[86] y dolencias, como refiero con detalle en otro texto.

  Una amenaza silenciada por varias generaciones se puede expresar en el presente como "infertilidad", así la imposibilidad de concebir estaría funcionando como una solución para evitar un nuevo pasaje por la ruta dolorosa de los ancestros. Si en el origen de uno de los miembros del clan se ha vivido como inmoral, vergonzante o injusto el nacimiento de alguien, el inconsciente lo protegerá invalidando el deseo. También puede haber ocurrido que un nacimiento imprevisto deje en suspenso aspiraciones, proyectos y experiencias personales; se asociará un embarazo a la pérdida de oportunidades. Es cuando el celibato o la decisión de no ser madre

---

86   Un claro ejemplo se puede ver en mi libro *Mandatos familiares* cuando analizo el resonado caso en Barcelona del "niño de la ballesta" (2016): el crimen cometido con esta arma por parte de un alumno de 12 años contra sus profesores y compañeros del instituto.

aparecen como la elección personal y es, en verdad, una manera de resolver un conflicto ajeno, un problema que no le pertenece. Hablamos de "sacrificio", a veces consentido, a veces inconsciente. Tan así es que aquello no obtenido por nuestros ancestros se vuelve el escenario en el cual nos expresamos sin saberlo a conciencia. La capacidad para ver que el fracaso es la solución, desbloquea el conflicto y se abren nuevas posibilidades.

También puede ser una pista revisar el rol en el clan. ¿Te sientes hija-enfermera/cuidadora? En estos casos hablamos de mujer-bisagra: la que fue concebida con el proyecto de estar siempre a dos aguas, entre las necesidades de sus mayores y sus propios propósitos vitales. Si tuvo hijos, el tiempo es siempre escaso; va y viene entre los niños y los adultos mayores. Si busca un embarazo y no lo consigue, ver ahí: no hay tiempo real de dedicación hasta que no haya recambio generacional. O si ha decidido no tener hijos, tal vez ver la causa en el P&S: no ha sido convocada a la vida para su propia vida, sino para ser "bastón" de la vejez.

Si cuando el consultante estaba en el útero, vivió de uno o ambos padres *un-no-deseo* de hijos, así como intento (pensado o ejecutado sin éxito) de aborto, puede grabarse una programación de esterilidad que de adulto le haga expresar un deseo que no le pertenece, que era de sus progenitores. "No quiero que nazca este niño" se traducirá en la adultez: "No deseo tener hijos", y el organismo podrá "hablar" lenguajes de "esterilidad". Llegar a este punto y des-programarlo ha producido, en más de una oportunidad, el milagro.

Y –lo he constatado en varias oportunidades– las nociones de éxodo, diáspora, genocidio, memoria arcaica de guerra (violencia, muerte, pérdida de territorio) vividas por los ancestros pueden ser causas del conflicto de procreación en el presente. Revisar el árbol, trazar rutas, desplazamientos, caminos más allanados o trayectorias más comprometidas con el sacrificio, la pérdida. Identificar a nuestros mayores que dejaron patria y lengua. Valorar sus movimientos. Con todo lo malo que le haya tocado vivir a ellos y a sus padres, con todo lo bueno que se rescate de sus avances, están aquí. Honrar sus historias sin quedarse pegado a sus deseos inconclusos, desarrollando los propios talentos, en libertad, sin sentimiento de deuda.

Y por último, y no menor, la presencia/ausencia de la creatividad en las diferentes esferas de la vida. Muchas veces me encuentro interviniendo en consulta sobre el plano creativo de la consultante: "¿avanza esa idea de transformar el jardín en huerta orgánica?". La invito a salir del aspecto biológico-emocional. Le pido que me cuente cómo va ese proyecto de abrir un comercio, inaugurar una web sobre sus investigaciones en nutrición, o postularse a una beca, o realizar los trámites para el viaje soñado. Verificar otros aspectos del desarrollo personal ofrece nuevas respuestas: "lo intento, pero me aburro mientras lo gestiono". A veces se escuchan respuestas que tienen la tonalidad: "no creo en mí, me falta compromiso, no tengo suficiente confianza en mi socio, etc.". Estas respuestas abren otras puertas para pensarse embarazada.

Los conocimientos, habilidades y competencias que desarrollamos hablan del pasaje útero/exterior. Nuestra "experiencia primordial" y la conexión con la profesión, los desafíos, las búsquedas nombran aspectos de nuestra identidad; también somos lo que hacemos y ofrecemos a la comunidad.

Una mujer joven, con su original de poemas para niños listo para entregar en una editorial, se muestra paralizada. Atravesó el proceso creativo pero no se anima "a parir" a su antología. Le pregunto: "¿cuál es tu tarea, cómo te presentarías por tu saber-hacer?". "Escribo para niños", responde. La invito a transformar la frase partiendo de su identidad. Duda y pronto contesta: "Soy escritora". Esa es otra reformulación del ser-hacer.

La creatividad es un modo de preñez. Concretar los pasos hacia la realización, enfocarse, aceptar retos y desafíos supone una puesta a prueba del deseo, un compromiso activo y la confianza en los resultados. Pero, además, la concientización de lo que estamos a punto de crear y lanzar al universo como un nuevo planeta.

Con este mapa hay varios recorridos para empezar a cuestionar el "fracaso" en la búsqueda y visualizar otras galerías del laberinto ofrecido por los médicos especialistas en reproducción. En estos casos me gusta recordar la frase del escritor argentino Leopoldo Marechal: "Del laberinto... se sale por arriba".

Ejercicio de evocación: la cocina

Primero acerco información, me apoyo en los estudios recientes sobre las emociones del bebé intrauterino y el desarrollo sensorial fetal –esencial en el programa ontogenético humano–, para vivir luego la experiencia del ejercicio.

Los órganos de los sentidos y los centros cerebrales determinarán la sensorialidad, eslabón fundamental del mundo cognitivo fetal.

Así como los alcances de la visión en el útero tienen pocos resultados en los estudios realizados hasta el momento, sabemos que es el órgano que más evoluciona al nacer. En el útero los párpados permanecen cerrados hasta la semana 26. Sin embargo, el feto es sensible a la luz, respondiendo con aceleraciones de la frecuencia cardíaca a las proyecciones de luz sobre su abdomen.

Las investigaciones ecográficas demuestran que en la semana 10 hay reacciones cutáneas en palmas y plantas de los pies. Así como las suaves contracciones uterinas son recibidas por el feto como estimulaciones de tacto, sensaciones cutáneas.

El doctor David Chamberlain ha desarrollado valiosas investigaciones de la vida *in utero*. La técnica que estudia la comunicación a través del tacto (haptonomía) describe modos de reacción, tanto agradables como hostiles, por parte del bebé intrauterino.

El sonido llega a partir de la semana 18, otro gran canal de información. El ritmo cardíaco, las voces del entorno, los ruidos del ambiente y, sobre todo, las palabras maternas, que resuenan con mayor potencia por el eco de la caja torácica, le acercan al bebé envuelto en la campana líquida amniótica toda la música del mundo externo, amortiguando el impacto y resonando de modo audible, pero no violento. La vibración más poderosa es, sin duda, la voz materna. Los cantos y narraciones que haga la embarazada, dirigidos a su hijo, le ofrecen un repertorio auditivo que el bebé reconocerá al momento de nacer. Las experiencias realizadas en este sentido son asombrosas.

Se ha demostrado que oír la música de Mozart y Vivaldi produce bienestar; por el contrario, la música de Beethoven o Brahms aturde; el rock lo estimula a realizar pataleos con fuerza. La voz femenina es preferible a la masculina. El director de orquesta Boris Brott (1944-2022) hacía referencia a que de joven estaba confundido por la facilidad que tenía al interpretar ciertas piezas sin haberlas leído previamente. Dirigía una partitura por primera vez y conocía la parte del violonchelo antes de girar la página. Cuando se lo comentó a su madre, que era violonchelista, esta se sorprendió al saber de qué piezas se trataba. Resultó que todas las partituras que su hijo conocía sin haberlas leído previamente, eran las que ella había tocado mientras esperaba su nacimiento. También, el caso del investigador Alfred Tomatis, quien cita el hecho de una niña francesa que se estimulaba más sensiblemente cuando escuchaba hablar en inglés. Nada parecía justificarlo hasta que la madre recordó que durante el embarazo había trabajado en una empresa de importación-exportación en la que solo se hablaba en inglés. La bebé había percibido y grabado el ritmo, la melodía, la frecuencia hertziana del inglés (que vibra a 12000 Hz mientras que la del francés ronda los 8000 Hz), y había guardado esta impronta ligada a un periodo de seguridad y familiaridad.[8~]

El olfato prenatal también se ha estudiado y la muestra de receptividad podría asombrar a los más desprevenidos; se desarrolla entre las semanas 11 a 15 de gestación y provee el ingreso de un complejo sistema olfativo. El líquido amniótico que rodea al feto baña las cavidades orales, nasales y faríngeas, y los bebés lo respiran y lo tragan, permitiendo el acceso a los receptores de varios sistemas quimiosensoriales que confunden el gusto y el epitelio olfativo. Atraviesan la placenta y comunican por las terminaciones capilares de la mucosa nasal. El bebé recién nacido repta hasta el pezón atraído por el olor de la leche materna porque conoce esa estimulación de olor-sabor de forma intrauterina.

En las semanas 13 y 14 de la gestación se pueden observar ecográficamente los mecanismos de succión y deglución, cuyos ritmos varían según la ingesta materna: el gusto comenzaría en ese momento.[88]

"El feto absorbe cada día cierta cantidad de líquido amniótico. Si en ese líquido se inyecta una sustancia dulce, él traga doble ración con glotonería. En cambio, si se añade una sustancia amarga, el bebé solo toma un

---

87   Ejemplos citados por Medina Aveledo, Gonzalo en la Tesis antes mencionada.

88   Lapidus, Alicia, Los sentidos fetales https://www.intramed.net/contenidover.asp?-contenidoid=32007&pagina=3

poco, y la ecografía demuestra que incluso hace muecas de desagrado. El líquido amniótico adquiere diferentes perfumes según los alimentos que ingiera la madre, de manera que el bebé intrauterino es sensibilizado al gusto de la comida de la región donde va a nacer".[89] Un ejemplo conocido refiere que un bebé nacido en la India y adoptado por una pareja francesa rechaza al tercer mes de nacido el arroz blanco y acepta con gusto el condimentado con curry. Esto daría cuenta de una memoria gustativa intrauterina.

Ahora sí, sabiendo que estas experiencias formaron el mapa de nuestra relación con los sentidos en el viaje amniótico, hagamos un ejercicio de introspección para resignificar las emociones.

Vamos a evocar la cocina de la casa en la cual naciste. Por fotos o relatos te puedes imaginar la escena. Tu madre pica cebolla, está preparando una salsa especial para celebrar el primer trimestre de embarazo. Tú estás en su útero. ¿Cómo lo vives? Cierra los ojos. Concéntrate, describe el ambiente visual, sonoro, olfativo.

¿Se oyen ruidos de cacerolas? ¿Hay otros niños en la escena? ¿Mamá canta o susurra algo inaudible?

Ya sabes que en el útero se comparten entre madre e hijo los estados emocionales. Todo lo que hay en el aire llega al torrente sanguíneo por medio de la glándula hipófisis (cerebro límbico), que es la encargada de mandar las señales: identifica si hay alegría, hostilidad, incomodidad, nerviosismo.

Mamá sigue picando cebollas, ¿a qué huele el aire además de los ácidos propios de ese bulbo alimenticio, quemante y con capas circulares?

Concéntrate en la experiencia que tienes del contacto con este vegetal. Vuelve al útero, ¿te impacta a ti el ardor en los ojos de mamá en este momento?

Además de cebolla, hay otros ingredientes dando vueltas en casa mientras navegamos en el útero: demandas de papá, discusiones con la abuela, carencia económica, falta de apoyo, ansiedad por la organización del nido.

---

89 Medina Aveledo, Gonzalo. Op. cit.

Con el olor llegan todos los demás estímulos: alegrías, dudas, rechazo, discusiones, abandono, ¿qué registras?

¿Cuáles son los sentidos y emociones que se te activan en esta evocación? Acógelos en confianza. Toma lo que aparezca... Si hay bienestar, navega ahí, libre de dudas y en plenitud. Si hay malestar, imagina un tubo de témpera o una paleta de acuarelas del color que más te guste y que te signifique: "me encuentro segura, estoy en paz", disuelve ese color elegido en un vaso de agua, introduce tus dedos y moja tu cara, tus manos, tu cuerpo. Tíñete de ese color-tranquilidad mientras transitas la espera para nacer-te.

Recrea la emoción olfativa y agrega otras, ¿te llegan evocaciones visuales?, ¿dirías que el sonido fue la señal del exterior más fuerte durante tu navegación intrauterina?, ¿creerías que fue más de orden táctil: caricias de mamá, roce con una prenda de vestir, abrazos?

Describe esos estímulos. Reconforta la experiencia con la evocación que nace en la cocina.

Con Winnicott, sostengo que un ambiente suficientemente bueno y facilitador de confianza regula las demandas del bebé. Y de todas ellas, no es el alimento real el más importante; junto con la leche, el abrigo de la mirada y el contacto piel a piel favorecen la base para futuros afrontamientos positivos ante las adversidades. Pero si no hubo este edredón de plumas para sostenernos, las consecuencias pueden hablar el idioma de la confusión o la falta de palabras para nombrar una necesidad. La conciencia solo recuerda lo que es nombrado. Pudimos sufrir abusos o abandono en nuestra infancia. No tuvimos herramientas para discernir "naturalidad"/"atrocidad". Lo incorporamos como "normal", pues nadie dijo nada, nadie hizo nada, no pudimos accionar para defendernos, lo callamos para que mamá no se preocupe o papá no se enfade. La conciencia no lo recordará porque no hubo palabras. Y lo no-dicho será lenguaje de órgano. Escanéate, ¿amenorrea, endometriosis, ovarios poliquísticos, útero infantil?

Armar el nido

Allá, s' el barr● está bland●/canta su g●z● s'ncer●.
Y● qu's'era ser h●rner●/y hacer m' ch●za cantand●.

Leopoldo Lugones

Para la mejor llegada del bebé hay que tener el nido listo. Me refiero a un "nido interior", en el corazón amoroso del deseo que convoque una nueva vida en la vida de la pareja. Preparar el sitio para la cuna. Buscar la mejor orientación, el barro más nutricio. Si como ese pájaro sabio, el hornero, fuésemos todos hijos esperados en medio de cantos y trabajo amoroso para construir la casa y dar la bienvenida al hijo, otros serían los destinos de muchos... Pero no siempre sucede así.

En sesión pregunto: "¿Hay lugar para el hijo? ¿En qué habitación preparan el moisés, la cuna, su espacio?". Las respuestas son variadas, algunas que he recibido: "En el cuarto que ahora usamos para la ropa que hay para planchar", o "Donde guardamos las bicicletas".

Sugiero liberar ese ambiente. Decorarlo y colocar flores o plantas en el centro; armar ese lugar "entre dos" para dar cabida al tercero. Y con el hueco que espera ser visitado, volver a buscar, ahora con una canción de cuna en el corazón. "Lo que llega al corazón se graba con una memoria a fuego", decía Voltaire.

¿Se puede concebir en medio del peligro? Las leonas de la sabana, acosadas por hambre o persecución de cazadores no dan a luz a los nuevos cachorros de la manada. Es lo que sucede con las parejas en estado de migración: falta de tierra donde asentarse y de la seguridad mínima de un techo para proteger a la cría. Cuando una pareja no tiene territorio o se ve acosada por la intemperie, por la falta de papeles que regulan la situación en un lugar extraño, pondrá freno a la fertilidad. Al asentarse, posiblemente el hijo venga a ser portador de identidad en el nuevo territorio. Suelen ser hijos parentalizados, esto es, como ya dijimos, niños cuidadores de sus padres, ya que su nacimiento vino a suplir las inclemencias de la falta de legalidad en suelo extranjero. Estos niños, llamados "hijos de transición", arrastran nostalgia, abandono de unas creencias o costumbres, a veces hasta de una lengua; cargan la sobreadaptación a lo nuevo, el cambio y la falta de raíces. Posiblemente sean, de adultos, candidatos a tener síntomas de "infertilidad", hasta que logren sanar este hueco de identidad o regresen al país de origen de sus padres, recuperando el camino de regreso al espacio propicio para construir el nido. Descargados del bloqueo, aliviados del trauma, las inhibiciones desparecen.

Hay situaciones en las cuales es complicado armar el nido. Cuando se producen concepciones fuera del matrimonio el interrogante sobre la paternidad profundiza el agujero negro de la función paterna, que ya de por sí arrastra sus propias construcciones a consolidar. Puede aparecer un "padre social" que se haga cargo o el mismo abuelo materno fungir de figura paterna si la embarazada transita en soledad su gestación. En estos casos el concepto de cuna, nido, abrigo se muestra forzado, desplazado; el bebé carga con un nombre teñido de un matiz incestuoso, indiferenciado, por llevar el mismo apellido que su madre. La confusión reina donde debería haber orden. La designación indica que en ese nido no aparece un cartel con el nombre del padre biológico, sino el del abuelo. No hay casa propia, se ocupa una casa/identidad ajena.

Otros modos de anidar toman el molde de la "compensación". Lucía intenta concebir en sus dos matrimonios anteriores. El fracaso en la maternidad frustra ambas relaciones. En el tercer intento de pareja se une a Juan, a quien conoce en un país extranjero, y a los pocos meses se embaraza. El hijo nace en diciembre de 2019.

Es interesante ver que, ellos, al principio desconocen que entre ambos hay una difusa ramificación que los hace miembros del mismo árbol. Lucía es hija de Heber, y Juan es el hijo de Lidia. Heber y Lidia son primos, pero las dos ramas familiares se han distanciado hace mucho tiempo y no tienen contacto, ya que en la juventud, Heber y Lidia, que eran muy afines y amorosos entre sí, fueron separados bruscamente para evitar que los primos se pusieran de novios. Raúl, abuelo de ambos jóvenes, fue quien ordenó separarlos. Cada uno hizo su familia por su lado, en países distantes, y ambos fueron muy desgraciados en sus matrimonios. Ese amor frustrado se compensa una generación después. Lucía y Juan tienen a su primer hijo, le ponen por nombre Raúl, nombre del abuelo en común de los primos Heber y Lidia, coincidencia que ellos "conscientemente" dicen haber olvidado. La contaminación ancestral refuerza con el logro de esta pareja la endogamia, ahora más leve en el rango sanguíneo, impedida una generación anterior, y se vuelve a establecer una lógica de programación. El 2019 hace eco en la edad que tenían Heber y Lidia cuando son separados: 19 años. Para el inconsciente, "la casualidad" funge a modo de firma que rubrica la ruptura del pacto ancestral y habilita el nido de la nueva generación.

» Visualización del nido

Tanto cuando la pareja espera en felicidad la llegada del hijo como cuando hay una vivencia de contradicción, aliento un ejercicio. Ya sabemos que cuando no hay noción de nido, esto expresa una necesidad descubierta, una herida que duele, un agujero emocional sin gestionar. La consigna es ir en busca de los recursos para saldar esa falta. Para ello aconsejo un ejercicio de visualización. Este anclaje permite crear imágenes relacionadas con la confortabilidad del bebé y la construcción de "su casa". Y para eso la preparación corporal de la mamá que hospeda es central. Invito a visualizar el útero como una casa que espera una visita muy importante.

Describir el ambiente para ser invitado; color, tamaño, sensación de calor o frescura, de protección a la intemperie. Qué aromas y sonidos lo habitan en la espera. ¿Cómo se organizan los preparativos: con esmero, cuidado, alegría? Si hay molestias, ¿cómo podría hacerse más suave y acogedor? Procurar cambios, ajustes. Visualizar el útero cada vez más mullido, confortable. Pensarlo como casa, abrigo, nido. Nombrar al bebé como sujeto dueño de ese espacio, imaginarlo cómodo, tranquilo. La creación visualizada de este lugar posibilita instalar un espacio psíquico en la pareja para ofrecerle la imagen del mundo al niño por nacer. Para eso sugiero invitar al padre del bebé a poner su mano en la panza para que acaricie y comparta sus sensaciones. Él también debe explorar el terreno y procurar movimientos para ayudar en la construcción de la casa que alojará al hijo. Podría darle una cucharadita de miel, o un trozo de chocolate, o unas pasas de uva, o unas cerezas a la mujer con la intención declarada de que sea "para endulzar las paredes del nido". Poner música suave. Bailar. Todas estas acciones tejen la red afectiva y comunicativa que sostiene a los tres. Con "su majestad el bebé" –según la expresión freudiana– están los otros dos protagonistas: madre y padre.

A veces la mujer copta todo el protagonismo, desplaza, anula, aleja al compañero. Sin embargo, es importante que el hombre participe, pregunte, acompañe, consulte y sea parte activa de la espera y el recibimiento. La inclusión del varón desde la etapa gestante es básica y por eso invito a incluirse y ganar su lugar, decir "vamos al control médico" en vez de decir "la acompaño al médico". Nominarse desde adentro cambia la experiencia.

En el sexto mes el bebé ya juega con el cordón umbilical.

Visualizar esta imagen, percibir cómo el bebé ejercita la función de agarre, cómo experimenta los movimientos, ¿mueve las manos, se toca la cara? También percibe una luz fuerte del exterior si la madre acerca a su panza una lámpara.

Ya en el séptimo mes escucha sonidos del afuera, suma nuevas voces al ritmo del corazón materno, que es su canción de fondo desde que llegó al útero. El padre y la madre le hablan, le cantan, le cuentan historias. Los sonidos y cadencias de la lengua se hacen familiares.

Visualizar el anidamiento construye la psique del bebé con su espacio, su desarrollo y la seguridad necesaria para abandonar el primer nido... A mayor confianza, mejor desempeño; un nido preparado habilita el siguiente paso del vínculo emocional: *bonding* ("unión"), el contacto piel a piel.

El tacto es el primer sentido que se desarrolla en el útero y seguirá siendo el lazo fundamental de comunicación cuando deje la casa intrauterina.

Cada sentido prepara el terreno para comprender el afuera. Tras el parto, el bebé y la madre entran en una especie de embelesamiento, mirándose mutuamente y experimentando una serie de emociones y sensaciones físicas placenteras ampliadas en el nuevo entorno fuera del útero. Así es la "compleja orquestación vital del nacimiento" que da a los lazos afectivos su carácter milagroso y necesario, como subraya David Chamberlain.

Con todas las letras

Cuando un códgo de reglas es 'nex'stente,
se prva a las personas
de un terrtoro donde haya fronteras
físcas y pscológcas que favorezcan
la sensacón de segurdad, 'ntimdad y de pertenenca.

D. y L. Langlo's

Ilustremos con otro caso: no hay nido seguro ni posible si no hay garantía de tener un hijo "con todas las letras". A veces no llega el embarazo deseado y otras veces llega a un sitio equivocado para anidar (embarazos ectópicos, fuera del útero). Puede ocurrir que se desee el hijo, pero que se tengan muchas dudas: "quiero tener un hijo pero no con esta pareja; no quiero criar al niño sin tener casa; no tengo espacio ni tiempo para criarlo; dudo quién es el padre".

Carla ya tiene 35 años y convive con Luis (separado hace 5 años de su primer matrimonio). Desean un hijo, pero no logran concretar ese sueño. A la consulta llegan juntos. Expresan que no han empezado estudios de fertilidad porque esperan que suceda naturalmente. Indago sobre cada uno, sus historias familiares, sus escenas observadas en las parejas de los padres de ambos. Se quieren y se miran amorosamente. Se tienen de la mano. Pregunto si los encuentros sexuales son satisfactorios, frecuentes (no es una banalidad, muchas parejas que dicen desear un hijo manifiestan, a la vez, que hace meses que no tienen relaciones sexuales, ¿cómo pueden no escuchar esta contradicción?).

También pregunto por la condición civil de ambos: "soltera", dice Carla; "separado", dice Luis. Ella se manifiesta incómoda con esta situación indefinida: "es adúltero", dice y se ríe nerviosa. "Estamos juntos hace tres años, pero está casado con otra. No son celos, es inseguridad, como si en la casa viviéramos él, su ex y yo". Invito a reflexionar a Luis sobre los impedimentos para realizar el trámite de divorcio. Se muestra dubitativo. Le solicito a él que escriba en una tarjeta que le acerco la palabra IMPOSIBLE, que pase la tarjeta por su cuerpo pensando en el trámite pendiente y que luego, como una caricia, la pase por el vientre de Carla, pensando en el sitio para construir el nido.

Pido que expresen las sensaciones corporales, "¿cómo resuenan en cada uno?". Los dos dicen que no se identifican con la idea de IMPOSIBLE, que son esperanzados. Recojo ese guante: "Muy bien, eso implica una holofrase que les pido que repitan conmigo: 'Tengo derecho, es mi derecho, es nuestro derecho'". Deben hacerlo en voz alta.

Si se pronuncia, se anuncia.
Si se verbaliza, se registra.
Si se identifica, se realiza.

Están en proceso de transformar el criterio de "imposibilidad" inconsciente, y para concluir felizmente, deben tomar acción a conciencia.

Antes de cerrar la sesión les ofrezco unas tijeras: "entonces transformen la palabra". Él toma la posta y corta el prefijo: IM. Se llevan la tarjeta con la palabra POSIBLE. Los invito: "¡Ahora, a ponerse en marcha!".

Seis meses después, con la situación civil resuelta "con todas las letras", dice Carla, llega "mágicamente" la noticia de embarazo. Tan simple como desbloquear el miedo, la inseguridad y la sensación de "ilegalidad" que percibía ella, semejante en el mundo de la naturaleza a la leona que no puede parir si está en un medio hostil. Ahora sí está en condiciones de armar el nido, porque Luis no es un hombre de dos mujeres.

La fase de comprensión aloja el poder de actuar sobre lo que se registraba como un conflicto, destraba la respuesta automática del condicionamiento, permite aprender nuevas soluciones a un viejo problema, promueve la plasticidad neuronal mediante experiencias renovadoras. Comprender, alivia... y achica el miedo.

Les acerco unos párrafos de la canción *Solo por miedo*, de Georgina Hassan[90] a modo de trabajo terapéutico con la técnica de biblioterapia:

> *Qué bonito es el miedo cuando es sincero.*
> *Qué brillante el futuro cuando es oscuro.*
> *Qué exquisito el delito cuando lo grito, cuando lo grito...*
> *Una vida más tarde comprenderemos que la vida perdimos solo por miedo.*
> *Qué belleza la vida cuando se olvida*
> *Qué profunda la herida si está dormida*
> *Qué segura una barca a la deriva, a la deriva.*
> *Una vida más tarde comprenderemos que la vida perdimos solo por miedo...*

Luego del nido, la cuna

La palabra "cuna" viene del latín *cunae*, que tiene esta forma porque en latín solo se empleaba en plural y la lengua romance lo singularizó. Esto es así porque *cunae* en origen designa el conjunto de aparejos variados y

---

90 https://www.youtube.com/watch?v=rLzUBmgAxRc

materiales (madera, lana, paja, telas, cestillos, etc.) para acondicionar el "cuenco" donde descansa un bebé.

Así definida, la cuna puede ser un objeto del mobiliario o una actitud. No se precisa lujo ni aparatos modernos para sostener al bebé. Dos brazos amorosos construyen desde el tiempo más primordial la primera cuna humana.

Si fuera del útero sigue el vaivén en una danza que llamo "cuna entre los brazos" ya nada más hace falta. El mundo es un lugar seguro. Ese movimiento y contacto entre dos cuerpos que dan al bebé la ilusión de un solo ser es vital en los primeros meses de vida. Y la cuna que mece los sueños del bebe será posible por la fusión amorosa que ha puesto en marcha un mecanismo de oro: la *reverie* materna (ensoñación) de la que participan dos en uno.

El susurro de una nana, la oscuridad del salón, el arrullo que predispone a soltar la vigilia alerta y entregarse al sueño, el ambiente seguro, ¿qué más precisa un bebé para calmar sus tensiones de aprendizaje en este nuevo microclima que es la vida extrauterina?

En el útero cada quien inicia un viaje según los mapas de sus padres: el ambiente y los paisajes que recorran, las emociones que predominen y la mayor o menor seguridad en el amoroso acunar del vientre.

Afuera, la vida sigue su curso. Hay vértigo y preocupaciones. En la oscuridad intrauterina una criatura ha comenzado a construir su propia experiencia a partir de las informaciones que le llegan del exterior.

El hombre está nervioso porque ha perdido el ascenso en su trabajo. Derrumbe de las ilusiones de progreso. La angustia frente a la sensación de carencia e incertidumbre económica pasa de él a su mujer y de ella al bebé a través de la placenta: "no ser el elegido como el mejor para el cargo me deja en la ruina". Ese resentir será más tarde la consigna del hijo: "siempre competiré para ser el primero, pero quedaré en segundo término". Se ha comprado el personaje del "perdedor", con inestabilidad económica, preocupado por "eso" que no alcanza a comprender sobre su "mal" desempeño laboral. Solo cuando logre conectar con aquel raíl original logrará des-conectar la ligadura inconsciente competir = ganar = sobrevivir.

Estos "climas" familiares –ya sea por exceso o por defecto, cuyas manifestaciones extremas serían la adhesividad asfixiante o el abandono emocional– son semillas de futuras ansiedades, comportamientos fóbicos y patrones de vida desafectivizados, alexitímicos o desvalorizantes.

Ejercicio de autoindagación: ¿Conociste la cuna de tus primeros meses de vida? ¿La conservaron tus padres, la heredó algún primo? Si no la viste, ¿cómo te la imaginas? Y "la cuna entre los brazos", ¿cómo la sientes? ¿La evocas suave, mullida, caliente? ¿Quién fue la cuna para tus llantos y temores: mamá, papá, la abuela? ¿Qué consecuencias crees que tiene ese impacto sobre tu presente? Si estás buscando concretar el sueño de un embarazo que se demora, ¿consideras que auscultar en estas remotas galerías de la memoria te puede dar alguna respuesta inesperada? Inténtalo. La recompensa es enorme.

Proyectogenitura: ¿qué hago y cómo me llamo?

Cuando decimos que deseamos un hijo, ¿deseamos un hijo o deseamos encontrarnos con el niño que fuimos?, ¿sabemos algo de lo vivido por nuestros mayores previo a nuestra concepción?, ¿qué nos contaron?, ¿qué creemos saber y qué no fue dicho?

Cuando un hijo llega luego de varios intentos carga con el estado emocional de los progenitores (experiencias traumáticas previas, ansiedades, dificultades en el vínculo). La prehistoria de cada embarazo constituye la historia del sujeto que nace, conforman su proto-memoria, lo más inconsciente de la historia de ese bebé. Es lo sabido-no-dicho guardado en algún lugar de su inconsciente como marca, como huella mnémica y sus efectos. Huella neuronal y somática, eléctrica y dérmica.

Primero, sanar las heridas de nuestro origen. Recordar que lo que aún duele se conjuga en tiempo presente, aunque el abandono o la descalificación hayan sucedido hace más de 30 años.

Viene muy a cuento el comienzo de un clásico, *El Principito*. Recordémoslo. Dice Antoine de Saint-Exupéry en la introducción:

A Leon Werth
Pido perdón a los niños por haber dedicado este libro a una persona mayor. Tengo una seria excusa: esta persona mayor es el mejor

amigo que tengo en el mundo. Tengo otra excusa: esta persona mayor es capaz de entenderlo todo, hasta los libros para niños. Tengo una tercera excusa: esta persona mayor vive en Francia, donde pasa hambre y frío. Verdaderamente necesita consuelo. Si todas estas excusas no bastasen, bien puedo dedicar este libro al niño que una vez fue esta persona mayor. Todos los mayores han sido primero niños. (Pero pocos lo recuerdan). Corrijo, pues, mi dedicatoria: A LEON WERTH CUANDO ERA NIÑO.

Así comienza la obra más conocida del escritor y aviador francés, ¿cómo olvidarlo? Una vez leída esta historia del principito perdido en el desierto, el relato se queda para siempre en nuestros corazones.

» La profesión

Tercero de los cinco hijos de una familia de la aristocracia (su padre tenía el título de vizconde de Saint-Exupéry), Antoine Marie Roger (nacido en Lyon el 29 de junio de 1900) vivió una infancia con comodidades económicas, pero fue un chico triste; tenía cuatro hermanos para jugar, pero la orfandad de padre a los cuatro años lo marcaría para siempre, y luego, la muerte de su hermano menor, François, fallecido prematuramente (con solo 15 años) volvería a renovar su melancolía.

Volar y acercarse a los cielos para ir a la búsqueda del padre y del hermano definió una de sus vocaciones, la aviación. La escritura fue su otra confirmación a la vida: sus obras narran las experiencias de encuentros y desencuentros en el aire... y en la arena del desierto.

Releer *El Principito* o elegir una película de animación como *Las trillizas de Belleville* son algunas brújulas para llegar a ese reino olvidado que nos habita.

» El nombre

Llegar al mundo y ser llamado Champion exige mucha entereza para no defraudar a los progenitores.

Fruto de la pasión del virtuoso guionista y director francés Sylvain Chomet, con dos nominaciones al Oscar en su género, *Les Triplettes de Belleville* es prácticamente una película muda, si bien hay sonidos, onomatopeyas, pantomimas, canciones, casi no hay diálogos; queda a cargo de cada receptor "completar" los espacios lacunarios del mensaje. Y cada quien arma –ya lo sabemos gracias a Freud– su propia novela familiar.[91]

El protagonista del filme lo consigue con creces. Sin embargo, nada sabemos de sus padres, tan solo tenemos un eco de su familia cuando la escena muestra, en un tono fugaz, una vieja foto pegada en la pared del cuarto del niño donde lucen, muy jóvenes y felices, un muchacho y una chica, apoyados en una bicicleta. ¿Sus padres? Tampoco sabemos mucho de la anciana regordeta, madame Souza, la abuela (¿madre del papá o de la mamá de Champion?), que cría como puede a su nieto huérfano, solitario y taciturno.

El drama de la abuela no es ni soportar sus piernas asimétricas (calza un zapato ortopédico que le nivela el andar), ni el ojo desviado que le nubla la visión y la obliga a corregir el lente a modo de tic. Es vieja y pobre. Vive en las afueras de París y su casa podría ser expropiada porque el "progreso" levantará un puente con vías de ferrocarril delante de su ventana. Eso tampoco es un problema. Su pesar es la tristeza del pequeño que cría sola: un niño sin vitalidad ni capacidad de sorpresa, desmotivado, silencioso y sin expresión. Ella busca despertar su interés por todos los medios a su alcance: comparte el entretenimiento de un programa de circo de los años 30 en una TV blanco y negro, le ofrece ir al desván y desempolvar el viejo piano, para tocar y bailar, pero nada saca a Champion del letargo. Otra idea de madame Souza parece resultar: le regala un perro (y algo empieza a moverse en Champion al vincularse con Bruno, desde ese momento su inseparable y fiel amigo), sin embargo no se lo ve feliz.

Hasta que un hecho "casual" revela el destino del niño: debajo de la cama, la abuela descubre un cuaderno con recortes de diario que ilustran carreras de ciclistas. Y allá va la abuela en busca del primer triciclo. Y Champion renace. Alguien lo ha visto, lo comprende, lo considera. El mundo cambia. Y él ha conseguido despertar su emoción, porque alguien lo acompañó a revelar su propio lenguaje. Ya tiene los recursos anclados y no naufragará.

Pasan los años y Champion se convierte en un hombre delgado que solo piensa en el ciclismo y que, gracias a la perseverancia de su abuela, entrena durante todo el día para competir en el Tour de Francia como ciclista profesional y, leal a su nombre, ser un "campeón".

---

91 Agradezco a la profesora Natalia Jaúregui Lorda que me haya puesto en contacto con esta obra maravillosa de Sylvain Chomet (2003). Puede verse en este enlace: https://www.facebook.com/watch/?v=270484257918758

Soltar los lujos de la aristocracia, en el caso de Saint-Exupéry, para ir a buscar al padre en el cielo, o ser deportista (¿para retomar los anhelos interrumpidos en la vida de los progenitores?) pueden ser vías de reencuentro con el verdadero ser que somos.

Winnicott, desde su posición de pediatra y psicoanalista, se animó a expresar una idea fuerte: "los hijos son 'una carga' pero si traen alegría es porque dos personas han decidido tomar sobre sí esa carga, y en realidad han acordado no llamarlo 'carga' sino 'bebé'". Y –agrego yo– porque han madurado a plena conciencia no ser una carga futura para sus hijos.

Nunca somos tan pobres como creemos. Nunca llegamos al mundo tan desprovistos como parece. Siempre hay recursos si el Proyecto & Sentido de nuestros mayores fue cambiar "carga" por "bebé". Acompañamiento y amor en el arte de transformar lo que hay. Y no siempre hay todo lo que creemos que necesitamos... La necesidad descubierta deja heridas.

Estos dos "artefactos" (literatura y cine) que propuse, dan cuenta del poder sanador del arte. Todos los personajes de *El Principito* y de *Las trillizas* son maestros de la resiliencia: el aviador dibuja un cordero en una caja para que la rosa del misterioso niño no corra riesgos; las viejas cantantes de Belleville están decrépitas, pero siguen haciendo música porque les apasiona (la estantería del refrigerador se convierte en una especie de xilófón y el periódico en una caja de ritmos). El dibujo, la música nos rescatan del dolor.

En su libro *La separación afectiva*, John Bowlby afirma que las personas con alto grado de confianza y seguridad en sí mismas (*self-reliance*) son quienes podrán, en diferentes momentos de su vida, experimentar angustia o depresión, pero la base de seguridad básica que los sostiene desde la infancia es un reaseguro de entereza.

Cuando hay vínculos verdaderos, ya sea entre humanos de la misma sangre (abuela-nieto), ya sea por la azarosa magia del encuentro (aviador-Principito); o entre personas y animales (zorro-Principito o Champion-su perro Bruno), se sale victorioso a pesar del dolor.

Siempre, primero cuidar al niño. También al que vive en nuestro interior de adulto. Amar a ese que fuimos es brindarle el espacio y la libertad para que conozca el relato del inicio y construya otra versión (un cuento, un mito) sobre su origen.

"Tú sabes que hace falta una semilla de un papá y una semilla de una mamá para hacer un bebé, pero tu papá –o tu mamá– no tenían ninguna semilla, podría ser el comienzo de la narrativa de origen cuando el hijo es producto de alguna de las técnicas de reproducción asistida", dice Serge Tisseron[92], psicoanalista y psiquiatra francés, especialista en Transgeneracional, reconocido por sus trabajos sobre los secretos familiares en torno al famoso personaje creado por Hergé en *Las aventuras de Tintín*.

Con la llegada de la tecnología y las opciones de reproducción asistida no solo entramos a nuevos escenarios familiares, sino que se crea otra trama: la de los nuevos secretos de origen. Si esta situación permanece escondida se corre el riesgo de incrustar un motivo de vergüenza.

Cuando podemos auto-rescatarnos del dolor y salvar al niño que fuimos, conseguimos derrotar al depredador de turno que nos dice "no se puede", "hay un diagnóstico desfavorable", "no lo intente más y busque un banco de óvulos". Con cada predicado el sistema coloca a las mujeres deseantes de maternar frente al dolor, el miedo, la inseguridad, los abusos, las mentiras, el desprecio.

Un proverbio africano reza: "Cuando el rebaño se junta, el león pasa hambre". Parafraseando: "cuando conocemos el poder del proyecto internalizado, salimos del impedimento impuesto por el afuera". Y el león –que no sabe bioética– pasa hambre.

Otras razones del NO

Después de todo, nad'e está obl'gado a
ser padre o madre. S' uno dec'de serlo...
Esto entraña responsab'l'dades.
Serge T'sseron

Se trata de m' cuerpo al que
bend'go,/contra el que lucho,
el que ha de darme todo/en un s'lenc'o robusto
y el que se muere y mata a menudo.
Ja'me Sab'nes

Ya vimos cómo las historias del transgeneracional pueden impactar en la elección de pareja y en la posibilidad/impedimento de concebir. Les sugiero a los consultantes que practiquen más el diálogo.

---

92 Tisseron, Serge (2014). *El misterio de las semillas del bebé*. España. Albin Michel.

Empecemos por el sinceramiento: ¿de verdad ambos desean pasar del dos-al-tres?, ¿uno desea el hijo y el otro acompaña?, ¿ella y él se realizaron estudios para averiguar las chances reproductivas? (Generalmente el hombre es más renuente a realizarse controles médicos).

También los invito a revisar los estándares de creatividad en otros escenarios: ¿quién de los dos está en un proceso de estancamiento en un proyecto laboral, profesional, individual?, ¿cómo se sienten en sus vidas productivas, creativas?

Y profundizo en un escaneo de la relación: tiempo que pasan juntos, afinidades, desencuentros, separaciones. Los conduzco a una radiografía "intrauterina" invitándolos a pensar a partir de estas preguntas: ¿qué emociones intuyen que han vivido sus madres durante la gestación? (Les recuerdo que las emociones son movimientos de reacciones a partir de estímulos y que siempre generan una descarga hormonal que transmite alegría, temor, desagrado). ¿Cómo imaginan haber vivido las emociones maternas asociadas al deseo (dopamina) de un hijo, y cómo se transformaron después en acciones (adrenalina)? ¿Qué se permiten especular: hubo satisfacción (serotonina) o estrés (cortisol), hubo aceptación ante la noticia de embarazo, sintió rechazo, angustia, felicidad?

¿Repiten los *tonos* de la madre y del padre en el vínculo de pareja? ¿Copian en la actualidad los modelos vividos en la infancia observando a sus mayores? ¿Eligieron desde el otro extremo del péndulo: si mi padre era viajante ("ausente en casa") formo pareja con alguien cuyo trabajo le permite volver al hogar cada tarde? A él le pido que se autopregunte: ¿es posible que el rol de mujer controladora de mi madre haya hecho que me enamore de una mujer igual o, por el contrario, mi pareja es dócil y "bien llevada" (la expresión es de un consultante)? Los invito a que revisen sus árboles genealógicos, sus experiencias infantiles, sus agujeros emocionales. ¿Algo en el "ajuar" de uno fue visto por el otro para remedar los huecos en el almacén familiar? ¿Qué fue en cada caso?

Las memorias de amenaza, peligro, muerte, deshonor son algunas de las connotaciones asociadas inconscientemente a la "mapaternidad".

Ya lo dijimos, cuando uno de los dos o ambos acusan un síntoma (varicocele, ovarios poliquísticos o cualquier diagnóstico referido por el especialista como causa de infertilidad) es porque el cuerpo biológico expresa la defensa del cuerpo emocional.

Enamorarse de una mujer o de un hombre con alguna patología para concebir es parte de la misma película. En el ajuar inconsciente está el candidato ideal para espejar temores, fantasmas y amenazas históricas en el clan.

Cuando la amenaza de concebir es una luz roja de alarma en el inconsciente puede hablar el lenguaje de un órgano. Vimos antes que las emociones bloqueadas, los no-dichos y secretos tóxicos en el árbol, la vivencia de la propia gestación en el útero materno, los eventos traumáticos alrededor del nacimiento, la energía vertida en otros (padres, hermanos, pareja), trabajar de "cuidador" de forma excesiva que resta disponibilidad al proyecto personal son algunas de las causas ocultas detrás de la "infertilidad".

Además de síntomas comportamentales se ven otros: los fisiológicos. Es cuando las creencias e impedimentos hablan el idioma de diagnóstico médico: azoospermia, trombofilia, trompas tapadas, varicocele, fibromas, matriz infantil, endometriosis, o dificultades durante el embarazo como preeclampsia, diabetes gestacional, aborto espontáneo, por citar solo unos pocos tipos de problemas para la fertilidad o el sostenimiento del embarazo.

Comparto esta interpretación de Christian Flèche que me parece muy interesante respecto de los embarazos ectópicos: "¿Qué historia nos revela este síntoma? Mi propuesta de trabajo, que es abierta, porque lo que me propongo es crear conciencia, libertad y curación, se trata de una esclerosis múltiple, porque hay pequeños músculos con pequeños cilios en las trompas que hablan de este deseo de embarazo y que llevarán este huevo al espacio de acogida, las trompas, los músculos. La mujer quiere, pero a la vez no quiere: 'Quiero un niño y no lo quiero'. Una parte de su cerebro está dando la orden a sus músculos ciliados de llevar el huevo a la parte de acogida, a aquel palacio. A la vez otra parte de su cerebro, por otras razones, rechaza este embarazo, por culpa de las noches, de los problemas financieros, de los problemas de guardia, del trabajo.

- No es el buen momento, no es la buena pareja.
- Embarazo deseado y temido a la vez.
- Conscientemente, no queremos un hijo, e inconscientemente, lo queremos, o a la inversa.
- Relación sexual resentida en la violencia.

- La casa es demasiado pequeña para albergar a un hijo.
- ¿Quién es el padre? ¿Marido? ¿Amante?
- Embarazo fuera de los usos y de las costumbres.
- No quiero hacer crecer al niño donde se supone que crecerá (en esa familia, en esa casa).
- Embarazo extrauterino: estar embarazada en la norma es la fuente de conflicto".[93]

Miradas, ejemplos, casos clínicos; un abanico de experiencias humanas a contemplar cuando un embarazo deseado se niega. Como sea, la tríada psique-organismo-emoción trabaja en común; que un estudio médico arroje un diagnóstico no implica que esa dolencia esté ahí para molestar. Todo lo contrario, está allí justamente porque opera como un mensaje para evitar la amenaza. Si la terapia consigue despejar ese miedo bloqueante, el órgano alivia su expresión y la amenaza se comprende, y desaparece.

En los casos de edad materna avanzada, hablamos de 45 años en adelante, las mujeres optan por el método más extendido: la fecundación in vitro (FIV) y el diagnóstico genético preimplantacional que asegurará la transferencia de embriones genéticamente sanos y, por tanto, con mayor probabilidad de implantar y dar lugar a un embarazo.

Por todo lo expuesto afirmo que es imprescindible el trabajo interdisciplinario para acompañar un diagnóstico de infertilidad, ya que los abordajes integrativos deben considerar la perspectiva que llamamos Psicología de la Reproducción.

Según Hellinger, la enfermedad o las imposibilidades de logro manifiestan un movimiento del espíritu para sanar la conciencia familiar, le muestran al sujeto la necesidad de la reconciliación con los excluidos de su clan. En esa "falla" hay una valiosa oportunidad. El sistema familiar transmite toda la información de sus miembros a todos sus integrantes, en un continuo movimiento circular que integra por cohesión, y a la vez por la fuerza de individuación, al servicio de la vida. ¿Es posible saltarse este requisito y decidir gestar a cualquier precio?

---

93   https://fpmdcorp.com/es/57090/los-nueve-lenguajes-del-inconsciente-biologico/

La psicoterapia sugiere como paso inicial esa toma de conciencia.

Muchas parejas evitan la avenida central (ir en busca de lo que está invisibilizado) y prefieren atajos donde el protagonismo médico-científico decida sobre sus cuerpos.

Antes de continuar, un hito en este camino que nos interpela como sujetos comprometidos hacia las futuras generaciones: "El genoma humano es la base de la unidad fundamental de todos los miembros de la familia humana y del reconocimiento de su dignidad intrínseca y su diversidad. En sentido simbólico, el genoma humano es el patrimonio de la humanidad", según reza en su artículo 1° la Declaración Universal sobre el Genoma Humano y los Derechos Humanos (UNESCO, 1997). Algunos apuntes para reflexionar/argumentar sobre este aspecto.

Atajos para sortear lo natural. Reproducción asistida

¿Por qué no construir en los humanos los ojos de la mosca,
para poder percibir así un mayor espectro con poca luz?
La lechuza es capaz de ver prácticamente en la oscuridad.
El pez linterna ilumina su propio camino:
podríamos componer a su semejanza, colonias
luminosas de bacterias en nuestras mejillas.
El murciélago y la ballena "ven" con una eficacia auditiva
que apenas hemos empezado a copiar con la tecnología.

Glenn McGee

Tecnologías para la concepción y tecnologías para la gestación. Asistencia reprogenética y reproductiva. Trasplante de úteros, donación de gametos, subrogación de vientre, desarrollo de placentas artificiales, vitrificación de embriones sobrantes, diagnóstico genético preimplantacional, edición de la línea genética según parámetros de "salud, sexo deseado y belleza", criopreservación, donación gestacional de cuerpo entero (¡!)[94], embarazos

---

94 "La donación gestacional de cuerpo entero ofrece un medio alternativo de gestación para los futuros padres que desean tener hijos, pero no pueden o prefieren no gestar… algunas personas estén preparadas para considerar donar sus cuerpos completos con fines gestacionales al igual que algunas personas donan partes de sus cuerpos para la donación de órganos. Ya sabemos que los embarazos pueden llevarse a término con éxito en mujeres con muerte cerebral", Anna Smajdor. Para ampliar esta propuesta de alto impacto disruptivo: https://philpapers.org/rec/SMAWBG

ex utero. La carrera entre el primer bebé de FIV (1978) hasta la gestación de los "hermanos salvadores" y los bebés de diseño, la clonación reproductiva y la vigilancia médica que fragmenta el cuerpo de la mujer en "especialidades" des-integrativas –el panóptico más sofisticado del sistema–, y la lista de "avances" sigue.[95]

Las "soluciones" más extendidas tienen amplia difusión desde hace años: se puede lograr una gestación a través de óvulos o de esperma de donante. Este tratamiento implica una herida narcisista profunda a trabajar, ya que la mayoría de los participantes deben atravesar el duelo de renunciar a la carga genética. Por ello, la FIV con ovodonación es una de las opciones reproductivas que supone mayor carga emocional para los pacientes.

Lo sabemos, cada época se cuestiona los objetos que pueden ser pensados. Ni antes, ni después.

Somos construcciones sociales: lo que hace siglos era motivo de muerte (ser adúltera) hoy ya no lo es en gran parte del mundo civilizado.

Nacer con defectos físicos era causa plausible de muerte en la Grecia espartana; la mitología narra que arrojaban a esos bebés por el monte Taigeto.[96] Esta práctica hoy sería inexcusable.

Las infancias son puestas en cuestión cuando miramos períodos de la historia que utilizaban a los niños como mano de obra barata. Hoy lo condenamos. Y así tantos ejemplos que se podrían citar en relación a los juicios sobre eventos descontextualizados.

Las nuevas tecnologías –el lenguaje de nuestro tiempo– nos confrontan a tomar una postura. No me demoro en perífrasis: sostengo que, en general, las tecnologías de reproducción asistida (TRA) no cumplen los estándares de cuidado humano desde el punto de vista bioético. Desde ahí focalizo mi perspectiva: "la maternidad a cualquier precio, NO".

Entiendo por bioética la ética aplicada a la vida humana, fuente de principios y comportamientos que iluminan la conciencia y orientan a actuar siempre de forma respetuosa ante la vida y la dignidad del sujeto.

Conozco las ardientes discusiones entre "bio-conservadores" y "progre-tecnológicos". Los encarnizados debates extremos; por un lado, quienes

---

95 https://philpeople.org/profiles/anna-smajdor

96 Según la obra de Plutarco, 100 d.C. (2016). *Vidas paralelas*. España. Gredos.

quieren "que el ser humano siga siendo lo que es, sin ningún tipo de mejora inducida externamente por la tecnología que pueda poner en peligro su naturaleza", y por otra parte, los tecno-progresistas, "son ellos mismos y los que les apoyan, y que se caracterizan por buscar desinhibidamente las mejoras más atrevidas".[97] Para Diéguez, estudioso del transhumanismo, de la Universidad de Málaga, los bio-conservadores serían así "un gran cajón de sastre en el que encontraríamos a la derecha religiosa y a los que temen que las bases mismas de la moralidad humana sean puestas en peligro por la aplicación de la tecnología al propio ser humano, pero también a los ecosocialistas y a los defensores de la ecología profunda, que ven en el transhumanismo una forma extrema de capitalismo capaz de arrasar sin contemplaciones con toda la biosfera".

Y refuerza el otro polo del debate, definiendo a los progre-tecnológicos: "ellos ven el fin del ser humano como un paso necesario para el advenimiento de algo mucho mejor que trascenderá las limitaciones biológicas de nuestra especie, pero que heredará también nuestra cultura; y algunos se consideran a sí mismos como promotores intelectuales, cuando no como prototipos en formación, de esos entes futuros que sucederán al ser". Y les anuncia los beneficios del tecnicismo feroz: la huida a Marte, el *cyborg*, la inmortalidad cibernética, la superación de las enfermedades y de la muerte estarán al alcance de aquellos que sepan mirar el porvenir.[98]

Al respecto, el reciente caso del nacimiento de las mellizas chinas "mejoradas" genéticamente por el científico chino He Jiankui. Las reacciones críticas que ha recibido su acción han sido prácticamente unánimes, tanto que ya hay "dos importantes peticiones de moratoria (no de prohibición total) en la edición de genes en la línea germinal humana. La primera de ellas, aparecida en la revista *Nature* (Lander et al. 2019), y la segunda en una carta abierta con fecha de 24 de abril de 2019 dirigida al Secretario del Departamento de Salud y Servicios Humanos de los Estados Unidos y firmada por importantes científicos dedicados a la investigación en terapias génicas y en edición genética".[99]

---

97 Diéguez, Antonio. La función ideológica del transhumanismo y algunos de sus presupuestos. https://proyectoscio.ucv.es/wp-content/uploads/2020/11/05-Dieguez-1.pdf

98 Ibídem.

99 Ibídem.

Dichos organismos calificaron de irresponsables a tales maniobras y agregaron: "La edición de embriones humanos que da lugar a nacimientos conlleva serios problemas para los cuales no existe un consenso científico, ético o social. Como resultado, sostenemos que dicha manipulación genética humana debe considerarse inaceptable y respaldamos una moratoria global vinculante hasta que se aborden por completo las preocupaciones científicas, sociales y éticas. [...]. La edición de genes en la línea germinal está prohibida de forma apropiada en los Estados Unidos, en gran parte de Europa, en China y en muchos otros países del mundo. Antes de volver a revisar este statu quo es vital que se lleven a cabo extensas discusiones, con la participación de las principales partes interesadas, incluidos los miembros de la comunidad científica, de la médica, de la de pacientes, de la de cuidadores, y de las comunidades política, legal, ética y religiosa".

Mis reflexiones sobre la reproducción asistida son más cercanas a los postulados ecológico-conservadores, y el modelo teórico que ejercito en mi práctica es desde la psico-bio-educación, como eje que brinda alivio cuando aporta comprensión y toma de conciencia a favor de la dignidad humana.

Lo conflictivo del planteo "asistida sí" versus "asistida no" orbita no solamente alrededor de regulaciones parciales guiadas por intereses mercantiles, sino por la desconsideración de los efectos a mediano y largo plazo. Sostengo que deberían considerarse dos esferas morales: el bien de la procreación y el bien del potencial procreador. Sin embargo, el equilibrio es huidizo. Solo se prioriza el interés procreativo de los adultos y los beneficios económicos de quienes lucran con el deseo ajeno por sobre los derechos de ese futuro niño.

Dos narrativas, dos ideologías, dos modos de percibir la realidad y el futuro del sujeto. Tengo una postura clara por el ser humano en el centro y en armonía con las demás especies. No comulgo con el pensamiento transhumanista que invoca la superpoblación del planeta a como dé lugar, por "poshumanos", y la necesidad de dar el bienestar solo a "esas personas" privilegiadas en desmérito de la gente común. Quienes tengan acceso a la tecnología serán poshumanos diferentes de sus antecesores humanos, serán quienes puedan comprar años porque les han convencido de que la vejez es una enfermedad, o que los pobres del mundo son conejillos de

Indias[100], y que se puede tener hijos de formas exóticamente artificiales, como descalificando el significado sagrado del encuentro amoroso, el deseo y los nuevos nacimientos de bebés. Entiendo que la radicalización del auge tecnócrata implica la rendición del sujeto humano como especie.

"Un informe de *Nature* de 2017 fue ampliamente promocionado por saludar la llegada del útero artificial. Pero los científicos involucrados afirman que su tecnología es simplemente una mejora en la atención neonatal".[101]

¿Es lo mismo un bebé fabricado dentro o fuera del cuerpo materno? Un abanico de interrogantes que la pareja agobiada de tratamientos de fertilidad no está en condiciones de hacerse. Sin embargo, hay que acompañarlos no solamente en los regímenes regulatorios, legales y éticos sino en cuanto a la continuidad de lo humano amoroso y transgeneracional que el nuevo ser comporta.

Lo he mencionado antes, pero merece la pena insistir en la escucha activa: muchas parejas dicen desear un hijo, pero confiesan en consulta que no mantienen relaciones sexuales. Son jóvenes o de mediana edad (un rango que va entre 28 y 42 años). Algunas sostienen que las relaciones sexuales son muy esporádicas y poco satisfactorias, y que "están trabajando en eso". Pero la realidad es que no hay encuentros sexuales. No advierten la incongruencia: "Cada mes espero el milagro hasta que aparece la primera gota de menstruación y me angustio". Ya en esta condición (deseo, espera de un milagro, angustia) se oye ruido comunicativo en el interior del sujeto.

Una ecografía no resuelve la desilusión. La pregunta se impone: "¿para qué quieren un hijo ahora?". En las respuestas hay material para indagar en otras capas de sentido y dar contestación al "¿por qué otras parejas se embarazan tan fácilmente y nosotros no?". Sin sexualidad la ciencia ofrece otros caminos. Tantos que la literatura de ciencia-ficción ha encontrado

---

100   En la película británica dirigida por Fernando Meirelles, *El jardinero fiel* (2005), basada en la novela   homónima de John le Carré, se denuncia los ensayos ilegales llevados a cabo en niños nigerianos por empresas farmacéuticas, en la década del '90 del siglo pasado.

101   ¿Incubadora neonatal o útero artificial? Distinguir ectogestación y ectogénesis usando la metafísica del embarazo. Kingma, Elselijn (Universidad de Cambridge) y Finn, Suki (Universidad Royal Holloway de Londres).

verdaderos rivales en su afán de imaginar lo absurdo e inhumano. Verdaderas distopías.

En los últimos años, los avances en medicina reproductiva han abierto nuevos escenarios que trajeron debates, posturas y cambios en la percepción de los límites. Como toda discusión ética, tiene aristas incómodas y muy delicadas de abordar. Me considero abolicionista respecto de este nuevo y cada vez más tecnologizado marco aprobado por el "liberalismo reproductivo" para pensar la ética de la reproducción. Tanto la ciencia como las corrientes liberales progresistas adhieren a los intereses de los denominados "padres intencionales", descuidando al sujeto-niño.

A uno y otro lado de la balanza los argumentos se contraponen. Interpreto que en cuestiones de ética no caben los matices del gris: es sí o no.

No me referiré en estas páginas a la explotación de las mujeres que arriesgan su propio cuerpo para satisfacer a otros, "vendiendo" el servicio de subrogación, por ejemplo, o siendo conscientes de ser utilizadas como objetos de transacción. Dejo a los debates feministas dirimir sobre las deudas del patriarcado con las mujeres que deciden elegir sobre sus cuerpos, los derechos y alcances de sus conquistas a lo largo de la historia. Me centro en el más vulnerable de los polos: el bebé. Me preocupa el "sujeto en devenir" que se busca a cualquier precio: un niño des-almado, sin raíces, fragmentado, tecnificado, obligado a ser el resultado en una maquinaria que lo consume como una cosa.

Me inquietan una serie de interrogantes cuyas respuestas pueden ser siniestras: ¿cuál es hoy el panel de opciones que permite fundar una familia?, ¿todo vale?, ¿encargar bebés por catálogo como en una tienda online de ropa?, ¿dónde queda archivada la perspectiva humana, ecológica, espiritual, transgeneracional, relacional, histórica del sujeto con las intervenciones asistidas?, ¿qué hay de la autonomía filosófica del ser?, ¿se considera un trato respetuoso, amoroso el que se brinda al niño convocado por cualquier método de concepción?

No creo –ni en este sentido ni en otros de la experiencia humana– que todos los tonos en sus variedades enriquezcan la pluralidad de opciones. Debe haber algún límite y ese ¡STOP! lo plantea la ética.

Los problemas de la ética reproductiva, como la opción para "elegir" a los hijos más adecuados, suponen una declaración de responsabilidad y daños colaterales. Pienso en los niños a quienes, en el relato sobre su origen, no lo protejan los correlatos que pueda sufrir su salud integrativa psico-física-emocional. Esta "apertura científica" de hoy (y al borde del surrealismo según los investigadores para 2050) impacta fuertemente en lo individual y en lo colectivo, obliga a repensar el concepto de hijo y a contrastar los diferentes posicionamientos cuando una mujer expresa su deseo de concebir/gestar/parir/criar.

Citaré solo algunos atajos para desplazar al cuerpo del centro y, en su lugar, dar luz verde a la ciencia.

En los albores del siglo XXI ya nadie se asombra de la subrogación. Conocemos artistas, políticos, cantantes, personajes de la farándula en general que admiten haber utilizado este medio para concretar el deseo de mapaternar. El debate sobre si el contrato con la mujer que "pone su útero" para una pareja es altruismo o negocio va por otro carril del que me interesa señalar en este espacio.

El liberalismo reproductivo se propone entender la decisión de tener hijos, o de no tenerlos, como libertades negativas. Pugna en todo momento por generar una actitud permisiva y abierta hacia las técnicas de reproducción asistida (TRA)".[102]

Por otro lado, la transferencia de embriones heterólogos (HET), es decir la utilización de esperma de terceros, convierte a una mujer en madre a través de alguien que no es su pareja.

Y por citar uno más, la criopreservación de óvulos que asegura la posibilidad de fertilidad más allá del paso del tiempo natural para pensar un embarazo. Es cierto, se conserva un óvulo para más adelante... ¿para cuándo? Porque los cuerpos no se criopreservan, o mejor dicho, envejecen. ¿Y el psiquismo, disponibilidad emocional se mantienen en condiciones óptimas según pasan los años? La criopreservación de óvulos y de embriones camina en un delicado límite: ¿cómo sucede la inscripción psicológica del bebé? El debate sigue abierto.[103]

Pero, sin duda, gestar "ex utero", inquieta más. La ectogénesis, o el uso de un útero artificial para permitir que se desarrolle un feto, marcará un hito cuando esté disponible. Si hoy las novelas de Ray Bradbury implican un viaje en el tiempo (hacia atrás, lo que el autor norteamericano exhibía como

---

102   https://arbor.revistas.csic.es/index.php/arbor/article/download/2452/3733?inline=1

103   https://philpapers.org/browse/sperm-and-egg-donation

un derrame de imaginación ya habita en nuestros hogares: parlantes, audífonos, pantallas, conexiones, ¡metaverso!), pensar en matrices artificiales ¿será la desaparición de los embarazos y partos humanos?

Aún este "avance" está en fase especulativa, pero la ciencia reproductiva ya celebra la ectogestación como una forma de atención neonatal mejorada, donde parte del período de gestación (últimas semanas o meses de embarazo) se llevará a cabo en una matriz artificial. Se prevé para dentro de una década.[104]

Por su lado, un paso más audaz todavía es pensar en la ectogénesis, en la cual todo el período de gestación se lleva a cabo dentro de una matriz artificial.

¿Hasta dónde vamos a tolerar que se corran las fronteras de "lo humano"?

La selección eugenésica de embriones vía fertilización in vitro (FIV) y el diagnóstico genético preimplantacional (PGD) detectan anomalías cromosómicas o anomalías genéticas heredadas; pareciera que tal es su función, pero en poco tiempo podría convertirse en una modalidad de "catálogo a medida": elección del sexo del bebé, o determinado rasgo genético, como el color de pelo o de los ojos. ¿Evolucionamos o regresamos a la tristemente famosa experimentación del nefasto doctor Josef Mengele?

Y para no dejar a los muchachos afuera, vaya esta "esperanza" que les promete la ciencia: la creación de espermatozoides en 3D.

"Estamos imprimiendo células en 3D, en una estructura muy específica que imita la anatomía humana, que creemos que es nuestra mejor oportunidad para estimular la producción de esperma. Si tiene éxito, esto podría abrir la puerta a nuevos tratamientos de fertilidad para parejas que actualmente no tienen otras opciones. Para el estudio reciente, los investigadores realizaron una biopsia para recolectar células madre de los testículos de un paciente que vive con NOA (azoospermia no obstructiva). Luego, las células se cultivaron y se imprimieron en 3D en una placa de Petri, en una estructura tubular hueca que se asemeja a los túbulos seminíferos productores de esperma. [...] Doce días después de la impresión, el equipo descubrió que las células habían sobrevivido. No solo eso, habían madurado hasta convertirse en varias de las células especializadas involucradas en la producción de

---

104 https://jme.bmj.com/content/48/7/439. Gestaticidio: matar al sujeto del útero artificial. Y otros artículos sobre la misma temática.

esperma y mostraban una mejora significativa en el mantenimiento de las células madre espermatogoniales. Es un gran hito ver cómo estas células sobreviven y comienzan a diferenciarse. Hay un largo camino por recorrer, pero esto hace que nuestro equipo tenga muchas esperanzas, señala el Dr. Flannigan".[105]

Y por otro lado, la contracara: ¿cómo evitar embarazos indeseados? Ya está en marcha la reciente experimentación en la "píldora" para ellos. Efectivamente, la píldora anticonceptiva masculina que permite la infertilidad temporal, durante 24 horas, representa un avance significativo en el campo de la anticoncepción. A medida que los investigadores continúan desarrollando y perfeccionando el fármaco, hay esperanza de que, en el futuro, los hombres puedan tener una opción anticonceptiva segura, efectiva y fácil de usar que les permita tomar decisiones informadas y responsables sobre su fertilidad y la planificación familiar.[106]

Cada quien saque sus conclusiones. La vida es un bien precioso. Considero que "fabricarla" con chatarra científica es depreciarla. Más aún, reitero, es irresponsable. Los avances son importantes desde el punto de vista investigativo, pero solo para poner el énfasis en valorar más "lo que es" y no "lo que se impone". Sutil diferencia.

La diferencia entre una inseminación artificial y la FIV (fecundación in vitro) es que, con la inseminación, la fecundación ocurre en el útero, no quedan embriones "sobrantes" porque no se extraen óvulos ni se generan embriones en laboratorio. Como es de práctica habitual, en las clínicas de reproducción asistida, de un protocolo FIV se obtienen más embriones que los hijos buscados por la mujer o la pareja. Los "embriones sobrantes" se mantienen criopreservados en los bancos de las clínicas hasta que los pacientes decidan qué destino tendrán.

Inquietud: ¿si con el paso del tiempo la mujer cambia de idea, si rompe con esa pareja, si ya no va a "necesitar" esos embriones (aunque la ley establezca que los progenitores deben renovar cada dos años el consentimiento informado, muchos pacientes se desentienden), consideran estas

105   Robinson, Meghan, Bedford, Erin, Witherspoon, Luke, et al. (16 de febrero de 2022). https://comunidad-biologica.com/descubren-como-imprimir-celulas-testiculares-en-3d/

106   Comunidad biológica (2023). https://comunidad-biologica.com/desarrollan-pildora-anticonceptiva-masculina-con-una-eficacia-del-99-en-pruebas-preclinicas/

mujeres que abandonan hijos? En principio digamos que abandonan embriones.

En general, suelen quedar a disposición de los centros en los que se encuentren crioconservados para ser donados con fines reproductivos a otro paciente, gracias al proceso de vitrificación (congelamiento). Estos embriones vitrificados se transfieren (VET) sin hacer pasar a la mujer por nuevos estudios, punciones foliculares y tratamientos de estimulación ovárica.

¡Surgen tantos interrogantes! Pero no está claro cuántas personas se los plantean: ¿cuánto tiempo se conservan?, ¿dónde terminan "mis" embriones?, ¿pierden calidad en el proceso de congelamiento?, ¿conserva el frío la identidad o borra las huellas de los progenitores?, ¿las emociones se mantienen igual o también se congelan?, ¿su material genético conserva también la marca de "su tiempo" existencial?, ¿todo es en nombre de la expansión que la medicina reproductiva puede ofrecer a quienes no cejan en su capacidad integrativa (mente, cuerpo, emoción, transgeneracional) de tener hijos?

A fines de 2022, en EE.UU., nacieron gemelos de embriones congelados treinta años antes, conservados durante tres décadas en nitrógeno líquido a casi 200 grados bajo cero.

¿Ciencia ficción pura o ciencia a secas? Ocurre; son hijos del pasado para el futuro. Embriones de una época histórico-contextual-cultural, pre-año-2000, muy diferente a la actualidad. ¿Con qué información vienen estos hijos al matrimonio que recibe la donación? ¿Es semejante a una adopción? Dicen que no, que "adopción se refiere a niños vivos"[10], aunque en ambas situaciones se produce la crianza de un niño sin ligazón genética. El vacío legal es solamente la pintura exterior de un muro vacante de planteos bioéticos.

En la práctica clínica, en muchas oportunidades acompaño a mujeres que se someten una y otra vez a los intentos de FIV, y que no logran el objetivo. Otras, cuando lo consiguen, he visto cómo sufren de innumerables dudas, miedos, interrogantes. Sugiero la lectura de *Quién quiere ser*

---

107   Según la doctora Sigal Klipstein, especialista en fertilidad en Chicago y presidenta del comité de ética de la Sociedad Estadounidense de Medicina Reproductiva. https://sanjoseahora.com.uy/2022/11/22/record-de-criopreservacion-nacieron-gemelos-de-embriones-congelados-hace-30-anos/

madre, en el que Silvia Nanclares[108] narra con humor y ternura la odisea de ese tratamiento, el ardor de querer y no poder ser madre.

Es tu turno en las reflexiones: ¿cómo te posicionas, antes o después de esta raya, límite, stop bioético? Explora tu cuerpo, tu emoción, tus sensaciones al leer este dato de la realidad, ¿qué identificas? ¿Sientes gratitud a los avances y el progreso tecnológico? ¿Te resulta interesante pero alejado de tu propósito de vida? ¿Te indigna desde una posición filosófico-ética?

Imagina hasta dónde eres capaz de correr la barrera para alcanzar tus metas de formar una familia. ¿Tu límite es la conexión genética? ¿Evalúas como "inocentes" estas prácticas, las consideras altruistas, de avanzada, generosas?

Estas indagaciones no son juicios ni cuestionamientos a tu deseo personal. Son una invitación a reflexionar todo lo que incluye la decisión basada en tecnologías reproductivas, incluyendo las derivaciones posibles, los negocios espurios, y hasta la trata de personas, como se ha planteado recientemente debido a las embarazadas rusas que llegaron a la Argentina a punto de parir.[109] Y no descuidemos otro aspecto: el destino de esos niños gestados en el exterior, de madres que llegan sin pareja y cuyos hijos pueden ser víctimas de una sustitución de identidad.

Nuevamente, el vacío legal toma el protagonismo. El negocio no se oculta. La iatrogenia olvida que lo primero es no hacer daño.

Digo, con el escritor israelí Yuval Noah Harari, que "poner toda la experiencia humana en manos de la tecnología es una forma segura de acabar siendo esclavos de ella".[110] Efectivamente, con la prepotente revolución tecnológica, las nuevas identidades sexuales, la dificultad para aceptar

---

108   Alfaguara, 2017.

109   Un elevado número de mujeres en la semana 33 de gestación (se sostiene el mismo patrón en todos los casos investigados), solas, provenientes de Rusia arribaron a la Argentina a principios de 2023 con el objeto –dicen– de hacer turismo o de parir en el país y obtener para sus hijos el pasaporte como ciudadanos argentinos, lo que les habilita a ingresar en más de 170 países sin visa. Esto ha desatado innumerables investigaciones en Migraciones en busca de las organizaciones que alientan "el turismo de parto" y la trata de personas. https://www.dw.com/es/por-qu%C3%A9-cientos-de-mujeres-rusas-viajan-a-argentina-para-dar-a-luz/a-64287019

110   Harari, Yuval Noah (2018). *21 lecciones para el siglo XXI*. España. Debate.

la neurodivergencia de las identidades personales y sociales, así como el "desmadre" ético de las intervenciones en la genética humana y el gran repertorio que se ofrece para "fabricar" bebés, podemos hipotetizar un pronóstico alarmante: en pocos años habrá que redefinir incluso qué es lo que nos hace humanos.

Por todo esto sostengo que se impone la ampliación de la conciencia y la noción de trascendencia a la hora de pensar/sentir la necesidad de un hijo. Atravesar los momentos sagrados de la concepción y de la gestación con la mayor humanización posible.

Casos "niña probeta" y "el sexo no importa"

*...la ps'que fam'l'ar es una entidad
prop'a que actúa al m'sm•
n'vel que la ps'que 'nd'v'dual.*

D'd'eı Dumas

En las sesiones me tomo el trabajo de recabar datos significativos de las historias familiares. Me importa la mujer angustiada por el embarazo que no llega y me importa saber sobre su madre cuando la gestó a ella y sobre su abuela cuando gestó a su madre. La información permite atravesar el tiempo emocional y acceder a una narrativa familiar que despliega pistas de cara al conflicto presente.

Insisto: la infertilidad es un programa, si el cuerpo (la biología, es decir el diagnóstico de fibroma uterino), o el comportamiento (lo emocional, ser célibe o gay, o decidir no tener descendencia) dicen NO, protegen al sujeto de atravesar otra vez un hecho vivido por las generaciones anteriores como traumático. El modo de sortear la memoria ancestral de embarazo asociado a vergüenza, amenaza o muerte impone la limitación.

La inseminación artificial (fertilización in vitro, los trasplantes embrionarios) habilita el esperma sin que exista relación con la mujer; la técnica sustituye el acoplamiento físico por una jeringa (cuando la mujer no logra concebir se le extrae un óvulo que se fertiliza fuera de ella, y que luego vuelve a ser implantado en el útero).

Atendí a Elena, una mujer joven, de 32 años, madre de un bebé de 10 meses, que llega a consulta por un cáncer de mama. Este era su segundo hijo, el primero lo había tenido a los 16 años, con el novio de la adolescencia. No se casaron, ni el chico se hizo cargo de ese hijo. Lo crio la madre de la paciente. La chica terminó los estudios y comenzó a trabajar en un emprendimiento inmobiliario. A los 30 años conoció al padre de su segundo hijo. Tampoco se casaron, pero convivían desde el nacimiento del bebé. Cursó el embarazo en soledad. Y, al momento de la consulta, Elena sentía una profunda angustia por el diagnóstico médico, "por precaución", le proponían amputar ambas mamas a modo de "asegurarse de que no habría más cáncer en adelante". Iatrogenia verbal (miedo a futuro) y por acción (práctica de una mastectomía total). Una aberración científica, médica, humana.

Indagué en la historia familiar: sus padres eran primos hermanos. La boda se decide en un tribunal de familia porque la mujer había quedado embarazada de su jefe en el trabajo, un hombre casado. El primo disponible acepta el "sacrificio" de salvar la honra del clan. Finalmente, el embarazo no prospera, al cuarto mes sucede un aborto espontáneo. Pero ya estaban esposados en un vínculo donde el mismo apellido se repite como un eco fatal. Católicos practicantes, no usaban métodos anticonceptivos porque, en verdad, casi no tenían encuentros sexuales. Pero deseaban armar una familia. Eligieron la jeringa al acoplamiento de los cuerpos, y Elena fue –como se decía entonces– "una niña probeta".

La endogamia original se remontaba todavía una generación más arriba, ya que los abuelos maternos de Elena también eran primos, aunque de segundo orden.

Un modo que encontró el inconsciente de la joven fue embarazarse pronto de alguien extraño al clan: embarazo adolescente conflictivo, mal recibido por sus padres, pero que aún en disconformidad apoyaron la situación de la hija.

Su ocupación profesional era la búsqueda de soluciones a parejas jóvenes, con pocos recursos, para conseguir créditos hacia la consolidación de una casa propia. Elena se preocupaba por "el nido" de otros, mientras postergaba hacerse cargo del propio. Seguía viviendo con sus padres y, al embarazarse por segunda vez, se vuelve a sentir tan perdida y sola como a los 16. Además, ahora sus padres están mayores y ya no la pueden apoyar en la crianza del segundo nieto (como sí habían hecho con el niño que ahora cuenta con 16 años). Los ciclos repiten una memoria (16/32) y el drama vuelve a escenificarse, buscando en esta otra vuelta, una nueva oportunidad para resolver un conflicto sin gestionar.

El lenguaje de órgano (cáncer de mama) coloca a Elena en la oportunidad de resolver un conflicto largamente procrastinado: revisar los modos de la sexualidad y del vínculo tanto hacia arriba (padres, abuelos) como hacia abajo (los hijos).

Inicia la convivencia con el padre de su segundo hijo cuando el proceso conflictual está en vagotonía; el síntoma (diagnóstico de carcinoma ductal) es la fase de reparación. Lamentablemente, llega a mi consulta luego de atravesar la cirugía total de ambas mamas y la subsiguiente, reconstructiva de senos. Además del sometimiento al tratamiento convencional de quimioterapia.

Ahora, con su bebé de casi un año, fuera del hogar paterno, trabaja su lugar de "distinta" en el clan. Revisa las consecuencias de su propia concepción "asistida" (como modo de esquivar el incesto entre los padres-primos) y trabaja a conciencia su enfermedad como la oportunidad de armar el propio nido.

Este otro caso es interesante para ilustrar las formas que adopta el cuerpo y los usos de éste cuando una emoción ha quedado bloqueada. Una mujer de 47 años llega a consulta porque no puede aceptar que su hija adolescente sea lesbiana. Cuando la concibieron, mediante FIV, la muletilla de la pareja gestante era: "el sexo no importa", como enfatizando que mientras el bebé fuera sanito, daba igual niña o varón. ¿Por qué FIV? Porque el deseado embarazo no llegaba y los años acortaban los tiempos disponibles para mapaternar. Pero había causas que el inconsciente conoce y la pareja no considera. Él, proveniente de una familia tradicional, en tanto dependientes unos de otros, sin diferenciación de roles, "empastada" más que unida, enredada al extremo de no dar un paso sin consultar con sus padres y hermanos cada decisión. Ella, de una familia desestructurada, disfuncional y en desamparo protector. Madre y abuela materna con vida "de irregular moralidad" (ambas ejercían la prostitución para sobrevivir en condiciones de carencia). La chica creció con una profunda sensación de miedo, parálisis y cierto rechazo a los hombres. Su inconsciente le decía que eran la razón de la deshonra familiar. No obstante, se permite creer en el amor y se casa con un novio que le augura una "familia normal". Se quieren, pero ante la imposibilidad de embarazo optan, otra vez como en el ejemplo anterior, por la reproducción asistida. "El sexo no importa" era la holofrase interna y emocional que la bebé escuchó durante los 9 meses de vida uterina. Pero no fue lo mismo que le respondieron sus padres cuando a los 14 años se definió homosexual.

El miedo y rechazo ancestral a los hombres (o la asociación con lo vergonzante, la dependencia económica, el señalamiento social) acercaron a la adolescente a alguien de su género, más confortable y seguro que la prostitución de la abuela y la bisabuela, y menos violento que los modos del clan paterno. Sin embargo, la ceguera transgeneracional de los padres impidió la empatía y acompañamiento necesarios para que la chica construyera su identidad en libertad. Ahora no aplicaban con la misma naturalidad la muletilla que gobernó los meses de gestación. Para la madre y el padre "sí importaba el sexo" de quien se podía enamorar su hija adolescente para ser aceptada socialmente. Además, el sexo sí importa: no es lo mismo nacer niña si se espera un varón y viceversa. Siempre en esta contradicción aparecen consecuencias a veces difíciles de transitar. Como sea, los hijos llegan para "solucionar" alguna "escala" en el viaje de la vida, cargan con la función de dar sentido a las vidas de sus progenitores mediante el hijo que convocan. Y con ese sentir, se creen autorizados a que se cumpla con sus deseos inconscientes a pie juntillas. No ven que el bebé de hoy es un sujeto libre que hallará el cauce para realizar sus aspiraciones, saldar deudas familiares y desplegar desafíos personales.

La toma de decisiones de los hijos puede no calzar con los sueños de los padres. Tendrán que hacer el duelo necesario de ese hijo imaginado para aceptar amorosamente al hijo real, genuino, en el camino de sus propias elecciones.

Aceptar que los hechos ocurridos a nuestros antepasados siguen vivos en la descendencia por varias generaciones ayuda a desbloquear el enfado o desilusión de no verse "recompensados" por los hijos que soñaban tener. Trabajar estos conflictos en terapia, integrando a la clínica los aportes de la Psicogenealogía, despeja el bosque enmarañado de los mensajes contradictorios, los sueños frustrados y la imagen ante la mirada social.

Permite a los sujetos hacerse cargo de la historia familiar, ver las narrativas que actúan en los momentos de crisis de identidad y poder soltar los condicionamientos sociales a favor de una vida más libre, genuina y en autoconfianza.

Invito a la paciente a destapar el secreto. Por un lado, que le narre a su hija los avatares vividos en la propia infancia, cuando siendo adolescente cargó con enojo, fragilidad, frustración, culpa por saber lo que se pretendía ocultar, con angustia por la situación económica, la vergüenza y el miedo al ver a "los clientes" de madre y abuela. Y, por otro lado, a narrarle la experiencia de búsqueda intermitente de embarazo que termina con la asistencia de implantación del óvulo fecundado.

Cuando el secreto deja entrar la luz, la posibilidad de rearmar el mapa personal es un hecho que define nuevas posiciones, respeto por las vivencias de los mayores, pero no lealtad ciega a seguir sus patrones y condicionamientos. Se refuerza el compromiso con las propias decisiones desde la conciencia y no por presión inconsciente de pasarse al otro polo del péndulo (donde hubo "muchos hombres" ahora se eligen solo mujeres). Este paso enriquece la experiencia de todo el conjunto familiar.

¿Desceñida o ceñida? El embarazo es la diferencia

Todo está en todo, luego nada 'mporta:
verdad tan larga que se queda corta.
Alfonso Reyes

"La palabra embarazo tiene varios sinónimos o expresiones que dan cuenta de ese mismo evento/tiempo: gestar, estar encinta, preñada, ingrávida, en la dulce espera".[111]

Algunas más actuales, otras en desuso, pero siempre aportan información extra a todo lo que expresamos sin nombrar cuando decimos "embarazada". ¿Con cuáles sentidos te identificas más al mencionar este estado? Y más aún, ¿con cuáles connotaciones lo han vivido tu madre y tu abuela materna? Las etimologías son una caja de tesoros ocultos para desentrañar lo que las palabras de uso cotidiano dicen y callan.

---

111 Revista cubana de obstetricia y ginecología (2015) http://scielo.sld.cu/pdf/gin/v41n1/gin11115.pdf

Empecemos por la primera:

- Embarazo. La palabra que determina el período comprendido entre la fecundación del óvulo y el parto, unos 280 días que en meses lunares son 40 semanas. En ese tiempo tiene lugar el desarrollo embrionario y fetal. Aparecen como expresiones en sinonimia de embarazo: impedimento, dificultad, obstáculo, encogimiento, falta de soltura en los modales o en la acción, timidez, turbación, empacho. De la misma raíz: embarazoso. Merece recordar además la palabra inglesa *embarrassed*, con significado de vergonzoso.

- En castellano, según Juan Corominas, la etimología de la palabra proviene de "embarazar" que significa impedir, estorbar. En este mismo sentido aparece en las lenguas eslavas que comparten la raíz etimológica de carga, castigo. A su vez, esta palabra se documenta primero en portugués *embaraçar*, derivado de lazo, cordel, cordón.

- Este estado es siempre único y diferente. No se vive igual siendo primípara (o primigesta, primera gestación) o multípara (con la experiencia de otros embarazos). Hay otros términos que completan el abanico de sentidos.

- Encinta. Proviene del latín vulgar *incencta*, derivado de *cingere*, con el sentido "ceñir". Otras significaciones dan cuenta de los impedimentos que soporta la mujer embarazada, como si estuviese atada o ceñida, sin libertad de movimientos. O des-ceñida, con ropa amplia, suelta.

- Dulce espera. Con esta metáfora edulcorada se nombra a momentos no tan dulces en los 9 meses. Es una expresión popular en China que ofrece la palabra *youxi* y significa "tener felicidad". La palabra está compuesta por dos caracteres chinos: *you* (tener) y *xi* (felicidad). Aquí sí la connotación alcanza un valor más positivo: se habla de "estado de buena esperanza".

- Preñada. Derivado del latín *praegnas*, que significa que está "a punto de brotar", lleno, pesado, grávido.

Usando cualquiera de las palabras disponibles, es interesante observar que la díada madre-bebé "trabaja" en sociedad y a la vez, en fases, a veces en semejanza, y en otros períodos, en contra. Y esta síntesis aparece en la etimología de gestar: de *gerere*, que significa "llevar". Mujer que lleva en el útero un embrión fecundado.

Durante el primer trimestre la mujer vive en simpaticotonía (estrés): vómitos, mareos, malestares. Su biología produce un rechazo ante este "cuerpo extraño" (blastocito, primordio fetal y placentario) y necesita un proceso de adaptación que, en caso de no producirse, ocasionaría un aborto. Para ello, es importante su funcionamiento hormonal: la gonadotropina coriónica posee una actividad inmunodepresora, mediada por la progesterona, que permite la implantación del blastocito y estimula la producción de relaxina y prolactina.

Las moléculas maternas de las emociones, incluidas hormonas del estrés, del apego y del relax llegan al futuro bebé a través del cordón umbilical luego de atravesar la barrera placentaria.

Más tarde, si la biología de la madre se adapta, las transformaciones de su organismo empiezan un período de vagotonía para facilitar el desarrollo del embrión. Mientras tanto, el bebé está atravesando cambios profundos, en plena simpaticotonía, fase despierta, de estrés. Así, durante la mayor parte del embarazo, la madre se encuentra en vagotonía (se concentra en su gestación y deja de lado las demás preocupaciones en las que invertía energía: este es un programa de supervivencia inscrito en el útero de la madre), y el bebé está en simpaticotonía "construyéndose".

El parto se considera la etapa de crisis épica (epileptoide), momento fundamental de la vagotonía para ambos, que pasa a fase de simpaticotonía a partir de las primeras contracciones uterinas que impactan tanto en ella como en el bebé.[112] La mayor parte de los síntomas durante el embarazo son síntomas en estado de vagotonía. Si la mujer queda en simpaticotonía, no habrá embarazo, o si no dará lugar a un aborto natural.

---

112   https://www.christianfleche.com/publicaciones/actualidad/los-nueve-lenguajes-del-inconsciente-biologico

Y ante la inminencia del parto, se necesita de la seguridad del entorno humanizado que acompaña, sin intervenir más allá de lo que naturalmente se presenta. Urgencias, temores, pedido de parto inducido o medicalizado para no sufrir, hasta las *in-ne-cesáreas* prácticas que impiden el parto vaginal, todo suma inconvenientes a un pasaje que debería procurarse lo más natural y protegido.

¿De cuáles complicaciones se habla en verdad cuando se mencionan "riesgos de complicación"? Desastres ecológicos, maltratos a la parturienta y a su cría en nombre de la higiene médica, y otros desatinos científicos mencionados como ventajas sí arriesgan los saberes más intrínsecamente mamíferos. Anestesiar el proceso de parto desvitaliza a los "socios" mamá-bebé en este plan de nacer. Mujeres manipuladas y bebés que nacen dormidos.

Por suerte, estamos volviendo a tiempos más primales, a protocolos más humanizados, a intervenciones menos intrusivas y a partos más respetados. Momento sagrado por excelencia que deja huellas para toda la vida.

¿Y por casa cómo andamos?

Si escucharas a tu madre desde el altoparlante del útero, ¿qué palabra crees que hubiera usado ella con más exactitud a lo que tú sentías dentro de su cuerpo: preñada, encinta, grávida, en dulce espera? ¿Cómo intuyes que fue evolucionando cada una de las cuatro expresiones presentadas durante la gestación? Si estuvieras deseando ser madre, ¿cuál sería la expresión con la que te identificarías mejor para ese estado? ¿Cómo fue el parto que atravesaste con tu madre: natural, inducido, por cesárea, con fórceps[113]? ¿Qué secuencia emocional/física/espiritual unes a ese dato de la realidad con tus vivencias actuales?

---

113   Fórceps = "tenaza" - for: *caliente*/cap: *tomar*. Así se llamaban las tenazas del herrero, instrumento para tomar algo caliente. De allí, el fórceps obstétrico que fue ideado por el cirujano francés Peter Chamberlen hacia 1630. Su invento consistía en dos hojas metálicas, ahuecadas y curvadas que se introducían en la pelvis y se situaban alrededor de la cabeza del bebé en la posición adecuada para evitar alguna complicación en el parto. La técnica se convirtió en un secreto que su familia, ya establecida en Inglaterra, mantuvo durante cien años. Para evitar que se descubriera, el médico vendaba los ojos de la parturienta y hacía salir del cuarto a la comadrona y sirvientas. Fue el doctor Hugh Chamberlen, hijo del inventor, quien lo aprovechó para rentabilizarlo económicamente.

Regresa a ese momento iniciático de darte a luz, ¿qué sientes, qué esperas del mundo, cómo lo configuraste desde el nido-útero? ¿Estás preparada para el siguiente paso tan crítico como trascendental?

Nacer es una experiencia traumática

El parto es un acto doble.

Nace el bebé. Y también es el nacimiento de una madre.

Nacer es un evento físico-psíquico-neuro-social-sexual-espiritual. Escena donde nace el hijo y nace la mujer como madre. Actualización de las narrativas que despliega la parturienta en torno del propio nacimiento, del vínculo con su madre y de la construcción del lazo maternal con su hijo.

Todo nacimiento incluye una filosofía, un sistema de creencias, una mirada sobre el acontecimiento principal en la vida, y todo esto implica una experiencia fenoménica, de alto impacto emocional y físico que deja improntas únicas y permanentes.

Los sentimientos y estados de ánimo de la madre durante la gestación generan un cóctel de hormonas y neurotransmisores que viajan a través del torrente sanguíneo, llegan a la placenta y condicionan el desarrollo del futuro bebé.

Según más o menos oxitocina, endorfina, adrenalina o cortisol, el bebé aprenderá a reaccionar: tomará como patrón de vida la confianza y la alegría, el bienestar y la dicha, o estará gobernado por la huida y la lucha o la desesperanza. Así, el útero es "la escuela" de las primeras reacciones: rechazo, amor, ansiedad y confianza, serenidad o angustia.

Para que fructifique del mejor modo el diálogo pre-natal madre-hijo hay canales de comunicación: bebé-mamá forman una unidad. Por el cuerpo materno llegan al embrión los sonidos, las risas, la cadencia de una palabra, así como la percepción del mundo que aguarda allá afuera. Y con esta maleta preparada nos disponemos a iniciar la segunda fase del viaje: nacer.

Decimos la segunda fase pues consideramos que la fecundación del óvulo, su migración libre por las trompas durante siete días y la implantación para desarrollarse en la gestación es la primera parte del gran viaje.

Próxima estación: nacer, la crisis épica más importante de la vida.

Parir. Tarea "naturalizada" por el linaje humano sin considerar con total conciencia los avatares que implica; se produce en el sujeto gestante una doble contradicción biológico-evolutiva, lo que el antropólogo físico Sherwood Washburn denominó "dilema obstétrico".[114]

Veamos brevemente esas dos fuerzas en pugna. Dejar la cuadripedia y hacernos bípedos trajo enormes desarrollos positivos para la evolución Homo Sapiens. Estar erguido amplió el horizonte visual y tuvo más capacidad de captar a la distancia y en altura a los posibles depredadores. Pero a la hora de parir la situación se complicó: una pelvis menos holgada y una cabeza más grande del neonato que presiona la musculatura del útero materno, produciendo un proceso isquémico (falta de oxígeno) que duele. A este dolor se le une el generado por las distensiones del peritoneo visceral y el suelo pélvico.

"Los 9-10 centímetros que, de media, tiene la distancia biparietal del cráneo de un neonato debe pasar por un canal óseo de unos 10-13 cm, promedio del canal de parto de una mujer. Los huesos, además, están rodeados de partes blandas, lo que reduce al mínimo la holgura del espacio disponible. Afortunadamente, el pequeño cráneo no está fusionado completamente aún. La existencia de las fontanelas permite su deformación, favoreciendo el tortuoso paso a través del canal del parto".[115]

¿Deja huellas este transitar laberíntico desde el útero al alumbramiento?

---

114   https://www.medigraphic.com/pdfs/facmed/un-2015/un152c.pdf

115   https://comunidad-biologica.com/por-que-el-parto-es-tan-doloroso/

Matrices perinatales. Stanislav Grof

El bebé debe ser tocado y acariciado
inmediatamente después del nacimiento.
Debe tener el calor de la madre casi continuamente,
de lo contrario todo el contacto físico
del mundo no será suficiente.

Dr. Arthur Janov

La respiración holotrópica es para la psicología
como el microscopio para la biología,
o el telescopio para la astronomía.

Dr. Stanislav Grof

Las huellas fisiológicas se imprimen, y a las peripecias biológicas de la evolución se suman otros componentes.

No todos nacemos de igual forma: hay partos rápidos, demorados, en soledad, acompañados, amorosos, cuidados, en la intemperie afectiva, sometidos a la violencia obstétrica, o a los traumas y miedos exacerbados de la parturienta por sus memorias inconscientes. Mientras esto sucede, dentro del útero estás tú, viendo el mejor modo para acceder al mundo aéreo, vibrante de sonidos y luces, cambio de temperatura y necesidad de apego para sobrevivir. El viaje fue largo y estás agotado. A veces te reciben con abrigo y alimento, a veces ni lo uno ni lo otro... Y eso también deja profundas huellas.

Nacido en el corazón de Europa, en Praga, el psicólogo, psiquiatra, médico, narrador de experiencias psicodélicas y cartógrafo de la mente humana, Stanislav Grof, hace hincapié en la fenomenología del estado ampliado de la mente como acceso privilegiado al autoconocimiento.

Un hecho fortuito cambió el rumbo de su práctica profesional: estando todavía en Europa, cayó en sus manos una dosis de LSD. Se trataba de una muestra enviada desde los mismos laboratorios suizos de la Sandoz, donde trabajaba Albert Hofmann, y ofrecían la sustancia por aquel entonces a hospitales psiquiátricos para que investigaran su utilidad en el tratamiento de los desórdenes psíquicos en pacientes esquizofrénicos y neuróticos.

Grof se ofreció como conejillo de Indias e ingirió LSD. La experiencia le permitió volver a revivir episodios traumáticos ocultos en el inconsciente. Al sacarlos del olvido, y experimentarlos de nuevo como si se tratara de una vuelta al presente, tuvo la oportunidad de atravesar emociones que la conciencia no registra e integrar esos eventos del pasado.

El régimen comunista lo alejó de su ciudad natal. Se trasladó a Estados Unidos, como psiquiatra residente en el hospital Johns Hopkins, en Baltimore; pero allí era difícil obtener permisos para trabajar con LSD. La adversidad investigativa le abrió nuevas oportunidades y descubrió cómo reemplazar la dietilamida de ácido lisérgico por el uso de una sustancia creada por el mismo individuo en terapia: su propia respiración. Un tipo particular de respiración, la hiperventilación, que él llamó "holotrópica".

Usando técnicas relativamente simples, combinando respiración rápida con sonidos evocativos, en un ambiente adecuado para la autoexploración, con los ojos cerrados y acostada sobre una colchoneta, cada persona utiliza su propia respiración y la música para entrar en un estado ampliado de conciencia. El estado holotrópico alcanzado por este tipo de respiración es una llave de oro: "Estas herramientas son para la psicología como el microscopio para la biología, o el telescopio para la astronomía".[116]

Hice un entrenamiento en esta técnica con Grof en 1994 y revisité en diversos talleres y encuentros la profundidad de la mirada interior que arroja esta línea de trabajo. Nos permite ahondar en los datos ocultos del momento de entrar en trabajo de parto, en alianza con nuestra madre, e integrar las vivencias propias como una tarea conjunta.

En los estudios de perinatalidad, el modelo de Grof acompaña la experiencia de muerte/renacimiento, tantas veces narrada en relación con los ritos de iniciación, en la que la persona "muere" a un estado anterior (la vida intrauterina) y vuelve a "nacer" abriéndose a una nueva perspectiva en su relación con el exterior.

A diferencia de Marc Fréchet en sus investigaciones prenatales, Grof no considera los meses previos a la concepción. Se centra en la etapa final del embarazo y fundamentalmente en el parto.

En este mapa, Grof identificó tres categorías del inconsciente: lo biográfico, lo perinatal y el transpersonal:

---

116 https://es.scribd.com/document/487481248/psicoterapia-holotropica-doc

- los eventos de tipo biográfico refieren a las experiencias olvidadas, generalmente de la infancia más temprana y a la que no se tiene acceso;
- la secuencia de muerte y renacimiento –análogas con el propio nacimiento biológico– de la experiencia perinatal y sus huellas emocionales;
- y las fusiones místicas con el cosmos –de las que nace el nombre de Psicología Transpersonal–, experiencias que van más allá de la propia biografía de la persona.

Así describe cuatro etapas correspondientes al proceso de nacimiento que llama Matrices Perinatales Básicas (MPB-I, II, III y IV).

- En MPB-I. La etapa biológica de la existencia uterina inalterada se experimenta en su dimensión espiritual con un sentido de unidad cósmica. Madre-hijo conforman un todo, unido y fusionado, que transmite información del estado de vivencia durante la gestación. Hay seguridad, temperatura, luz y confort adecuado para que el embrión/feto se desarrolle.
- MPB-II. Corresponde al inicio del parto, está acompañada por sensación de absorción universal. Las contracciones del sistema uterino cerrado dan lugar a la experiencia espiritual de "no salida", rompe la unidad cósmica y se vive como "infierno", en antagonismo con la madre.
- MPB-III. El componente biológico es la propulsión del hijo a través del canal del parto, lo cual se experimenta como una lucha de muerte-renacimiento. Ahora el niño experimenta una sinergia con la madre, si consigue unificar su movimiento con el de ella.
- MPB-IV. La etapa final es la terminación del proceso de nacimiento, que supone la separación física de la madre, el corte del cordón umbilical y la formación de un nuevo tipo de relación con ella y el mundo.

Esta proto-memoria está presente en el bebé y en el desarrollo adulto: reaparece ya en expresiones que conducen a la esperanza y al amor, ya como sensaciones sofocantes, o malestar asociado con olores desagradables y mal sabor, con movimientos inquietantes o incluso con la conciencia de estar heridos de alguna manera (sucede cuando se ha intentado un aborto, por ejemplo), o cuando se siente especial empatía, compasión, piedad ante el dolor y sufrimiento de escenas de violencia, maltrato, hambruna, guerras, campos de concentración.

Los aspectos más traumáticos del proceso de nacimiento se activan con el inicio del parto. De manera similar, los adultos pueden sentir a lo largo de su vida presiones psicológicas que son afines a las primeras contracciones del útero. Estas producen interrupción del suministro de calor y normal ritmo de la fluidez de sangre y alimento, traen sensaciones de falta de aire, miedo e incomodidad. Los muros empiezan a cerrarse, no hay espacio suficiente, la respiración se dificulta; nos encontramos en un lugar estrecho y peligroso. Se experimenta un impulso de moverse, de salir, y esto aumenta con la presión añadida que sentimos en cada contracción. Se vive con tonalidad de desesperación, no hay salida ni solución, estamos inmovilizados, condenados, no podemos hacer nada.

Si atravesamos desde la experiencia holotrópica este instante iniciático (a veces minutos, a veces horas) que en las narrativas familiares se podría titular "el duro trabajo de parto de mamá" –sin considerar que allí hay al menos dos trabajando duramente: la madre y el hijo–, podemos dotarlo de un nuevo sentido, integrarlo, decodificando nuestra manera de percibir el mundo a partir de los sucesos vividos en el proceso de nacer.

En el momento del parto, la vida queda en suspenso por un instante, se advierte un paso hacia delante, una esperanza. Es el turno de aceptar el desafío: atravesar lo desconocido, que parecía un callejón sin salida. Podemos respirar nuevamente y experimentamos la liberación de la presión uterina. Descubrimos un nuevo estado.

Con la técnica terapéutica de la respiración holotrópica de Grof (una circulación de aire en el cerebro que rompe el modo ordinario de conciencia) regresamos a esos estados que en el presente perturban y derivan de "un olvido" de los momentos sagrados del proceso de nacer.

La sugerencia de que podemos escudriñar la experiencia de nuestro propio nacimiento es de un alto voltaje sanador y amplía la comprensión de los hábitos, temores, conductas, impedimentos y decisiones del sujeto adulto, gracias a la magnífica capacidad de transformarse y de convertir lo que a algunos les parecería una catástrofe, en una oportunidad de desarrollo. Ese "desplegarse" reclama un gesto a plena conciencia de volver a lo olvidado (la vida intrauterina hizo antes el gesto de "plegarse"): nacer es abrirse al espacio de una nueva luz. Alumbrarse. La consigna es autoexplorar e integrar esos conocimientos que atraviesan lo humano hasta lo transpersonal.[11-]

En sus prácticas, Grof comprobó que la técnica de la hiperventilación, bajo cuidadosa supervisión, proporcionaba el acceso a un estado de conciencia alterado sin el uso de ninguna droga. Se consigue un estado extraordinario de la conciencia que vislumbra el regreso al estado prenatal. Y se recogen datos que pueden ser relatados y analizados en sesión con los trastornos de la vida adulta. Ese sistema de experiencias anteriores condensadas (que Grof llama COEX) permite contactar con aquellas vivencias negativas, de peligro, asfixia, miedo y dolor intenso. Revivirlas hace posible re-nacer, liberados de esa sensación poderosa de muerte, gracias a la memoria prenatal y a la conciencia ampliada.

Durante el trabajo de parto, la zona más activa del cuerpo gestante en trance de parir es su cerebro primitivo (el hipotálamo, la glándula pituitaria, la hipófisis, etc.), igual que todos los mamíferos. El cambio de estado de conciencia puede ser interpretado como una reducción de la actividad del neocórtex. En el trabajo compartido madre-hijo se propone la emisión del sonido "Oooooo", que resuena conectando la cavidad bucal con la pélvica (espacio acotado por donde sale el bebé). Ese sonido actúa sobre las partes blandas, evita la rigidez, ayuda a la circulación, favorece el cambio de conciencia, organiza el pujo, prolonga el coxis hacia delante, el diafragma se mantiene firme y, junto con la musculatura abdominal, adquiere el tono preciso para pujar. Emitiendo este sonido durante las contracciones, la mujer tiene una participación activa y no se desborda en el miedo o el agotamiento. Si el papá acompaña el parto, también puede emitir el sonido "Oooooo", junto a ella, a dúo. Una mamá disponible coloca al hombre también en situación de inclusión y logran "parir" juntos.

Si la madre le dio lugar al papel del padre, si él se involucró en la gestación y tuvo su lugar durante el proceso, si fue incluido en la espera que sostiene, tendrá su espacio en el nacimiento y la capacidad de tejer el

---

117 Semejante a estos postulados, ya conocíamos las teorías de Otto Rank que datan de 1924, con la aparición del desafiante estudio de base freudiana *El trauma del nacimiento* (1992). Buenos Aires. Paidós.

vínculo con su hijo, ahora en el afuera. Con esta nueva situación tríadica, el niño aprende que existen figuras que lo protegen y lo acompañan a explorar el mundo con la seguridad que da un padre.

Winnicott habla del valor de sostén del papá como una fuerza diferente, un yo corporal que sostiene de una manera distinta del de la madre. Cobijo femenino/cobijo masculino en una danza que deben bailar juntos para que el niño construya saludablemente su esquema corporal y su estructura psíquica.

El nacimiento –momento de eclosión familiar– implica una re-ubicación de todos los integrantes del clan. Todos deben plantearse una adaptación al espacio extrauterino.

Hay muchas semillas por florecer en lo que guarda tu inconsciente. No es el enfado lo que debe ocupar tu centro si el embarazo buscado no llega todavía. Es la indagación. Pregúntate: ¿de qué me está protegiendo esta "imposibilidad"? Verlo permite desbloquear. La terapia acompaña para recuperar el eje, reanudar el discurso amoroso interrumpido entre el parto y el nacimiento, para dar nuevos significados a la experiencia vivida antes de nacer. Investiga en tus orígenes, ¿qué sabes, qué intuyes, qué te contaron?

Los ejercicios que convocan el poder simbólico, la metáfora, el lenguaje onírico, o como los nombra Alejandro Jodorowsky, los actos psicomágicos –que yo llamo "Ex-Tra" (Experiencias Transformadoras)–[118] permiten acompañar este proceso de despertar de la conciencia y apertura a una nueva realidad respecto del deseo, sus huellas arcaicas y cómo se han inscrito en la memoria celular.

Ejercicio: Cuidar el "almácigo". Otra TRHA(E)

Por aquí, anda Dios con regadera de lluvia
O disfrazado de sol, asomando a su balcón
Yo no soy un gran señor pero en mi cielo de tierra
Cuido el tesoro mejor, mucho, mucho, mucho amor.

María Elena Walsh

---

118 Narro variados ejemplos de "Ex-Tra" que se aplican a casos de la clínica, en mi libro *Lecturas que curan. Beber dos cubos de agua con estrellas* (2020). Barcelona, Del Nuevo Extremo.

...el chamán 'nv'ta a las nubes a danzar c●n él en vez de t●rpedearlas para que suelten la lluv'a. A veces las nubes aceptan ba'lar, ●tras, n●. Depende.

Dav'd V'nyes Casajoana

A modo de ejemplo les comparto esta experiencia que realicé con una pareja, ambos casados en segundas nupcias. Él, padre de un hijo con su pareja anterior, que no sobrevivió más de 3 horas de nacido. Ella, sin lograr el embarazo en 5 años de búsqueda, con tratamientos muy traumáticos que la desanimaron de seguir en el empeño. Trabajamos durante varias sesiones y renació el deseo de intentar algo más. Les ofrecí una "FIV simbólica".

Denomino a esta TRHA(E),Técnica de Reproducción Humana Asistida (Ética): "Almácigo", (del árabe, "campo sembrado"). Los invito a sembrar semillas y palabras. A fabricar un almácigo o semillero especial.

"¿Dónde? Si vivimos en un espacio muy pequeño", comentan. "Si hay lugar en sus corazones para un hijo, hay lugar para un semillero", respondo. Alcanza con un espacio construido para tal fin, con voluntad y vocación de siembra. Enrique y Sandra viven en un pequeño apartamento, pero el vano de la ventana es suficiente para colocar el instrumental.

Despliego el poder de la biblioterapia y las re-narraciones del yo: sugiero lecturas y escrituras. Empezamos por el DRAE.[119] Los invito a revisar juntos el diccionario. Leemos en consulta: "El almácigo es un espacio en el cual se siembran especies que requieren ciertos cuidados, y a las que, a su tiempo, se llevarán al lugar definitivo, con las distancias adecuadas". Preciosa, excelente entrada. Leemos luego, en un libro de horticultura, para más información: "Sembramos las semillas no directamente en la huerta, sino en algún cajón o recipiente de tamaño manejable (se les llama almacigueras o semilleros) hasta que la plantita tenga un tamaño adecuado para trasplantarla en la huerta".

Les explico cuestiones básicas a considerar para desarrollar la "FIV":

- Iniciaremos este proceso con el comienzo del ciclo fértil de Sandra. Si bien puede variar de una a otra mujer, sabemos que en un

---

119 Diccionario de la Real Academia Española.

ciclo menstrual promedio de 28 días, la ovulación generalmente ocurre cerca de 14 días antes del inicio del siguiente período menstrual.

- Durante los primeros días el almacigo se debe regar 1 o 2 veces diarias para mantener el sustrato húmedo. Desde el inicio deberá regarse cada día utilizando la solución nutritiva.
- Se debe proteger, cubriendo con una tela suave.
- El día que emerge la planta se descubre el semillero. Si esta acción de descubrir no se hace a tiempo las plantitas se estirarán buscando la luz y ya no servirán para ser trasplantadas.
- Se deja expuesto al sol suave, dependiendo de la calidad del clima; se le deberá colocar una cobertura para fríos intensos.
- También se deberán controlar las plagas hasta que puedan ser trasplantadas en los contenedores definitivos. Esto ocurre dentro de los 20 a 40 días de la germinación, dependiendo de la semilla y del clima.

El segundo paso que les planteo es "el traslado", en tanto interpretación de la metáfora: juntos "traducimos" de lenguaje vegetal a lenguaje humano. Retazos del diálogo:

- ¿Están dispuestos a considerar el calendario de ovulación? Y si se trata de cuidar el almácigo, cubriendo del fuerte sol o del frío, ¿cómo lo harían entre ustedes?
- "Estamos dispuestos a recortar nuestras tareas para tener esa dedicación especial de tiempo y cuidado".
- ¿Cómo harán para estar atentos a observar el momento del primer brote? Traduzcan la respuesta del lenguaje vegetal al lenguaje humano.
- "Estaremos atentos a la evolución de lo que sentimos, las nuevas emociones, sensaciones, dudas".
- ¿Cuidarán la semilla para protegerla de la luz intensa?
- "Haremos que el cuidado sea a partir de las necesidades del brote, no la nuestra; que la semilla reciba la atención necesaria".
- ¿Destaparán y cubrirán de nuevo al brote si el clima lo reclama? "Estamos dispuestos a adaptar, modificar, evaluar los cambios de

hábitos, creencias, comunicación, que sean propicios para convocar al bebé".

- ¿Hay tiempo y decisión de ocuparse de las semillas instaladas? ¿Vigilarán plagas y otras molestias?
- "Vamos a despejar otras inquietudes, desalojaremos la salita donde guardamos la tabla de planchar para hacer espacio libre, evitaremos que otros se inmiscuyan en nuestros planes, privilegiaremos nuestra experiencia y emociones sobre los dichos de terceros".

Con estas ideas preparamos el terreno. Los invito a hacer el amor con alegría, a encontrarse sin miedos ni presiones. En la ventana hay un almácigo en gestación, creciendo. Les recuerdo lo que siempre supo la humanidad y la física cuántica ha demostrado mediante las teorías del fractal: "En cada parte está el todo. Afuera es igual que adentro. Arriba es igual que abajo".

Y les doy la fórmula para "regar con sustancia nutritiva" las semillas: palabras recortadas de poemas. Cada uno elige un libro, tijeras en mano, cortando las palabras que los motivan. Sí, hay que sacrificar unos libros, pero nada se pierde, todo se transforma. Cada papelito se coloca en agua toda la noche. También se puede "informar" el agua nutritiva con música. ¿Mozart, los Beatles? A la mañana siguiente, se riega la tierra con agua de poemas, o con agua musicalizada.

Les solicito que lleven una bitácora, un libro de viaje. Que anoten las sensaciones que aparecen de las acciones nuevas: elaborar y cuidar el almácigo, hacerle un espacio en la ventana, despejar el rincón del planchado para una futura y eventual cunita. Los estimulo para que pongan palabras y expresiones coloquiales que van surgiendo con el paso de los días, así como las inquietudes y las anécdotas que rodean el proceso. Escribir es hacer presente lo que sucede e integrarlo a la experiencia.

Habíamos desenvuelto el drama de Enrique, su duelo sin tramitar del bebé muerto. Su historia y el final de la relación matrimonial. Habíamos visto los nudos en la familia de Sandra: incesto y esclavitud, maltrato familiar de su madre y abuela. Una tarea profunda transgenealógica de limpieza de heridas viejas y dolores presentes. Y, una vez limpio ese "campo", nos decidimos a sembrar semillas y poemas en campos nuevos.

Esta historia tiene un final feliz, muy feliz, doblemente feliz: un año después conocí a los mellizos, cuando habían cumplido su primer mes de vida.

El inconsciente había asumido que había semillas disponibles regadas con agua nutricia de palabras amorosas, había un espacio preparado, un cuidado que convocaba a extremar los detalles, a ocuparse con dedicación, y encuentros sexuales amorosos, sin frustración previa, con verdadero contacto emocional, con esperanza pujante en realizar la tarea a conciencia; para que haya brote, plantita, debe haber una puesta en acción. Acción protagónica, consciente, amorosa, cuidada.

Y "se sembraron", se embarazaron. Al parecer, fueron dos las semillas que prendieron, se llaman Anita y Jaime. ¡A veces sucede el milagro!

Llevar una antorcha como orientación

No conoce el arte de la navegación/
qu'en no ha bogado en el v'entre de
una mujer, remado en ella,/
naufragado y sobrev'v'do en una de sus playas.
"Bitácora", Cristina Peri Rossi

Y agrego a la voz de la poeta uruguaya, si en ese periplo de remar hacia la costa hay una luz que nos guíe desde la oscuridad, la llegada a la playa será menos desolada.

Como la poesía, los mitos arrojan emocionantes escenas sobre las pariciones; en efecto, el término "alumbramiento", o la expresión "dar a luz" deriva de la práctica de Artemisa cuando acompañaba a las parturientas. Una antorcha encendida para orientar hacia la vida extrauterina a los bebés.[120]

Diosa de los bosques, la virginidad, los nacimientos, Artemisa era la hija de Zeus y de Leto, hermana melliza de Apolo. Cazadora y amante de la naturaleza; defensora de las ninfas, las mujeres, los niños y los cachorros salvajes; asistente de los partos.

---

120   Tanto a ella como a otra deidad clásica de Grecia, Ilitías, se las menciona como las guías en los trances del parto. Y, por lo tanto, podríamos nombrarlas en el imaginario cultural como las primeras parteras: *obstetrix*, del latín, que significa "quien está por delante".

Cuenta la narrativa mítica que desde niña supo cuál era su misión. Al cumplir los tres años, Leto la llevó al Olimpo para que conociese a su padre y ella le expresó su mayor deseo. Esta solicitud hecha a Zeus quedó inmortalizada por el poeta griego Calímaco, en el *Himno III* que reproduce la voz de Artemisa niña: "Padre, dame todos los montes. Viviré en las montañas, y solo tomaré contacto con las ciudades de los hombres cuando me llamen en su ayuda las mujeres atormentadas por los vivos dolores del parto; las Moiras me asignaron, desde el momento en que nací, la tarea de socorrerlas".

La comadre (*cum madre*), aquella que está con la madre en su tránsito de parir, ha recorrido el camino que la evolución histórica le asignó en cada época. Bendecidas en la Biblia (en el Libro del Éxodo) quedaron registradas Séfora y Fúa por ayudar al pueblo hebreo a crecer, aún contradiciendo las órdenes del faraón de Egipto. No tan valoradas en otros contextos, las parteras no han dejado de existir nunca. Acá estamos, aunque cambien las denominaciones... Partera, *doula*, comadrona, matrona, madrina, alumbradora, todas descendientes –desde la oscuridad de los orígenes míticos– de la gran partera, Artemisa (Diana para la mitología romana).

Ella abre caminos a otras mujeres valientes para acompañar los nacimientos. Por eso me permito la licencia de considerarla la "abuela" (metáfora que elaboro desde una mirada transgeneracional-cultural) de otra doncella con antorcha: Agnódice.

Agnódice, "la casta ante la ley" –tal su significado etimológico–, desde pequeña había querido estudiar medicina y ser partera, pero esa actividad estaba prohibida a las mujeres en la Grecia Clásica. Nada la detuvo, como su ancestra mítica Artemisa, sabía cuál era su propósito en la vida.

Se cortó el cabello, vistió ropa masculina y se fue desde Atenas hasta Alejandría para estudiar con uno de los seguidores de Hipócrates. Así, Herófilo de Calcedonia, un maestro que le impartió sus conocimientos a Agnódice, creyéndola varón, lega un saber prohibido a las mujeres, el arte de hacer-nacer.

Travestida de hombre (para ser habilitada en la atención de las mujeres al momento de parir), regresó a Atenas. Cuando una paciente en agonía de parto se negó a ser atendida por un hombre tan joven, Agnódice corrió su túnica y mostró sus pechos femeninos. Mostrar quién era realmente le permitió salvar la vida de la mujer y del bebé, pero puso en riesgo la propia, pues el secreto se difundió y las mujeres de parto solicitaban cada vez más sus cuidados. Esto generó la sospecha y la envidia de los médicos más reconocidos. El rumor no tardó en llegar a la ley, y "ese valorado médico" fue acusado de seducir y corromper a las esposas indefensas en situación de parto.

Agnódice debía atravesar un juicio en el tribunal del patriarcado –corría el siglo IV a.C.– y supo que no tendría salvación. Jugó su mejor carta, en lugar de defenderse con la palabra, por segunda vez dejó que fuera su cuerpo quien hablase. Movió con delicadeza su túnica, en un gesto que, mientras negaba su nombre, afirmaba su verdadera identidad: "la casta ante la ley" mostró al comité de médicos su desnudez femenina.[121]

"Blasfemia, debe ser castigada", sentenciaron los hombres del poder. Pero Agnódice fue salvada de morir por una rebelión de mujeres que pidieron su liberación. Y la antorcha volvió a guiar muchos partos. Hasta hoy...

---

121   En la facultad de Medicina de la Universidad de París V está inmortalizado –en un relieve grabado en la piedra– cuando Agnódice se desnuda en el Aerópago.

EPÍLOGO

El hijo de la partera

Las mujeres s'empre han s'do sanadoras. Ellas fueron las pr'meras méd'cas y anatom'stas de la h'stor'a occ'dental. Sabían procurar abortos y actuaban como enfermeras y consejeras. Las mujeres fueron las pr'meras farmacólogas con sus cultivos de h'erbas med'c'nales, los secretos de cuyo uso se transm'tían de unas a otras. Y fueron tamb'én parteras que 'ban de casa en casa y de pueblo en pueblo.

Barbara Ehrenre'ch[122]

Fue un hijo de partera quien iluminó con su saber la Filosofía.

Fenáreta fue la madre de Sócrates, el primer filósofo moral de la tradición ética occidental del pensamiento, fue la inspiradora de una forma de articular la verdad y el saber que hoy conocemos como "método socrático".

Fenáreta, partera, dadora de luz, acompañó el alumbramiento de muchas mujeres.

Sócrates, niño, sabía de esta práctica de su madre. Él decía que siguió el oficio de su madre desde otra posición. Como ellas –comadronas, parteras, μαῖαι, en griego–, asimilaba su oficio de parir almas al de parir bebés, semejaba el alumbramiento del conocimiento a los partos. Sócrates se autopercibe "partero de ideas", como si dijera: "la filosofía es a los saberes lo que las comadronas al cuerpo de las preñadas".

Así versifica Bartolomé Leonardo de Argensola, en el siglo XVII, lo que el propio filósofo dijera al joven Teeteto, sobre la *episteme* (ἐπιστήμη), el conocimiento: "Sócrates con Teeteto conversando (ya fuese por halago, o por castigo), en su ironía misterioso, y blando. Yo (cuentan que le dijo), dulce amigo, nací de una Comadre, cuya suerte, y a cuyo ejemplo, el mismo

---

122   Profesora titular del Departamento de Gineco-Obstetricia en la Universidad Industrial de Santander. Bucaramanga, Colombia. http://www.scielo.org.co/pdf/rcog/v62n2/v62n2a10.pdf

oficio sigo... Dijo: ella fue partera, y yo partero, y como ella en los partos materiales, yo en los del Alma con piedad severo".[123]

Como psicoanalista, me es natural trazar el camino de la flecha hacia el blanco, en la dirección que va de Sócrates a Freud, entre el método del diálogo socrático y el método analítico freudiano, que implementara en el ejercicio de su práctica. Ambos iluminando con preguntas –a los discípulos/a los pacientes– a partir del diálogo para acercarse al conocimiento por sí mismos, a la cura por la palabra.

Un diálogo que examina si las consecuencias de los planteos y acciones que tomamos son suficientemente consistentes. ¿Somos capaces de oírnos profundamente sin un temblor?, ¿se oye la contradicción interna? Propiciar este estado de "aporía" (del griego: dificultad, confusión, sin salida) es la tarea de poner luz a las sombras, ese estado del alma de quien advierte que no sabe aquello que creía saber, que se propone cuestionar, revisar en autonomía.

La actitud del diálogo socrático invita a la refutación, a lo indicado, a lo establecido de una vez y para siempre, en compromiso genuino con la Verdad. Un modo de aprender que respete lo personal, argumentativo, crítico para gestar nuevas ideas, a partir del cuestionamiento, de la interpelación interna.

Atravesar ese estado de confusión ligado al reconocimiento de la propia ignorancia es la condición principal para emprender el camino hacia el conocimiento verdadero de sí mismo, de lo humano.

Dar a luz. Alumbrar niños. Alumbrar Ideas. Auténtica pulsión de vida.

Con sentido ético, responsable, libre.

Iluminar en la oscuridad de los mandatos ciegos.

Acompañar partos humanos, partos del entendimiento. Tal la Mayéutica (de "comadrona", μαῖαι, deriva *hé maieutiké*: "el arte de ayudar a parir"), el método de Sócrates, el hijo de la partera.

Yo lo tomo como gran metáfora de la preñez de conciencia, fecunda, luminosa, integrativa, saludable; con la antorcha de Artemisa orientando a las nuevas generaciones en la escucha vocacional con sus deseos más genuinos.

---

123 Adaptación. Tomado de Vázquez Vega, Jorge. https://fgbueno.es/bas/pdf3/bas50f.pdf

BIBLIOGRAFÍA

Akolombre, P. (2008). *Deseo de hijo, pasión de hijo*, Buenos Aires. Letra Viva.

Ackerman, N. W. (1982). *Diagnóstico y Tratamiento de las Relaciones Familiares. Psicodinamismos de la vida familiar.* Buenos Aires. Paidós.

Alizade, A. M. (1992). *La sensualidad femenina.* Buenos Aires. Amorrortu.

Badinter, E. (1980). *¿Existe el instinto maternal? Historia del amor maternal. Siglos XVII al XX.* Barcelona. Paidós.

Berenstein, I. (1990). *Psicoanalizar una familia.* Buenos Aires. Paidós.

Bargate, V. (2017). *No, mamá, no.* Barcelona. Alba Editorial.

Bettelheim, B. (1987). *No hay padres perfectos. El arte de educar a los hijos sin angustias ni complejos.* México. Grijalbo.

Bleichmar, N. y Bleichmar, C. (1997). "Winnicott. El papel de la madre real, sostén, objeto transicional", *Psicoanálisis después de Freud.* México. Paidós.

Bydlowski, M. (2007). *La deuda de vida. Itinerario psicoanalítico de la maternidad.* España. Biblioteca Nueva.

Bollas, C. (1987). *La sombra del objeto: psicoanálisis de lo sabido no pensado.* Buenos Aires. Amorrortu.

Boszormenyi-Nagy, I. (2008). *Lealtades invisibles.* Buenos Aires. Amorrortu.

Bowlby, J. (2014). *Vínculos Afectivos: Formación, Desarrollo y Pérdida.* Madrid. Morata.
_____ (1993) *La pérdida afectiva: tristeza y depresión.* Biblioteca de psicología profunda, Buenos Aires. Paidós.
_____ (1979). *Cuidado maternal y amor.* Biblioteca de psicología y psicoanálisis. México. Fondo de Cultura Económica.

Callejón, F. (2002). *No es posible curarse, sin aprender a vivir.* Argentina. Vitae.

Canault, N. (2007). *Cómo se pagan los errores de los ancestros: El inconsciente transgeneracional.* París. Éditions Desclée de Brouwer.

Castro Martín, T., Martín García, J. (2018). "El desafío de la baja fecundidad en España", 165-228. INFORME España 2018 / Cátedra José María Martín Patiño de la Cultura del Encuentro (coord. A. Blanco, A. Chueca, J.A. López-Ruiz y S. Mora). Madrid: Universidad Pontificia Comillas.

Chamberlain, D. (2002). *La mente del bebé recién nacido.* España. Ob Stare.

Cólica, Pablo (2021) Pinelatinoamericana. Conductas emocionales y estrés https://revistas.unc.edu.ar/index.php/pinelatam/article/view/36036

Cyrulnik, B. (2006). *Los patitos feos.* Barcelona. Gedisa
————— (2005). *El amor que nos cura.* Barcelona. Gedisa

De Beauvoir, S. (1998). *El segundo sexo.* Madrid. Cátedra.

Del Castillo, P. (1982). *Psicogenealogía aplicada. Cómo una saga puede esconder otra.* España. Obelisco.

De Gaulejac, V. (2016). *La historia que heredamos.* Buenos Aires. Del Nuevo Extremo.

Del Olmo, C. (2013). *Maternidad y crianza en una sociedad individualista.* Madrid. Clave Intelectual.

Díaz, L.A./de Rojas, S. (2007). *La memoria en las células. Cómo sanar nuestros patrones de conducta.* Buenos Aires. Kier.

Diéguez, A. (2017). *Transhumanismo. La búsqueda tecnológica del mejoramiento humano.* Barcelona. Herder.
————— (2020). *La función ideológica del transhumanismo y algunos de sus presupuestos.* Universidad de Málaga. https://proyectoscio.ucv.es/wp-content/uploads/2020/11/05-Dieguez-1.pdf

Dolto, F. (1997). *Sexualidad femenina. Libido, erotismo, frigidez*. Barcelona. Paidós.

_____ (2004). *Seminario de Psicoanálisis de niños 1*. México. Siglo XXI. https://www.google.com.uy/books/edition/Seminario_de_psicoan%-C3%A1lisis_de_ni%C3%B1os_1/OVhGK6RFoIQC?hl=es-419&gbpv=1&p-g=PP1&printsec=frontcover&bshm=rimc/1

Dolto, C. (2005). *Haptonomía pre y post-natal, por una ética de la seguridad afectiva*. Buenos Aires. Libros del Zorzal.

Donath, O. (2016). *Madres arrepentidas. Una mirada radical a la maternidad y sus falacias sociales*. Barcelona. Penguin Random House.

Fernández-Miranda, M. (2017). *No madres. Mujeres sin hijos contra los tópicos*. Barcelona. Penguin Random House.

Flèche, C. (2015). *Descodificación biológica de las enfermedades*. España. Obelisco.

_____ (2017). *Descodificación biológica: ginecología y embarazo*. España. Obelisco.

Freud, S. (1992). "La feminidad", *Obras completas*. Buenos Aires, Amorrortu.

_____ (1992). "Sobre la sexualidad femenina". *Obras completas*. Buenos Aires, Amorrortu.

_____ (1976). "Sobre la más generalizada degradación de la vida amorosa". *Obras Completas*. Buenos Aires. Amorrortu.

_____ (1997). "Lo siniestro". *Obras completas*. Buenos Aires. Amorrortu.

Gornick, V. (2017). *Apegos feroces*. Madrid. Sexto Piso.

Green, A. (1972). *De locuras privadas*. Buenos Aires. Amorrortu.

_____ (1986). "La madre muerta". *Narcisismo de vida, narcisismo de muerte*. Buenos Aires. Amorrortu.

Grof, S. (2011). *La respiración holotrópica*. Barcelona. La liebre de marzo.

_____ (2009) *Psicología transpersonal*. Barcelona. Kairós.

Gutman, L. (2016). *Qué nos pasó cuando fuimos niños y qué hicimos con eso*. Buenos Aires. Sudamericana.

Gutman, L.(2014). *La maternidad y el encuentro con la propia sombra.* Buenos Aires. Planeta.

Hartmann, A. (2014). "La identificación en la pubertad y adolescencia". *El malentendido de la estructura.* Buenos Aires. Letra Viva.

Harari, Y. N. (2018). *21 lecciones para el siglo XXI.* España. Debate.

Hoffman, L. (1981). *Fundamentos de la terapia familiar. Un marco conceptual para el cambio de sistemas.* México. Fondo de Cultura Económica.

Jodorowsky, A. (2011). *Metagenealogía: el árbol genealógico como arte, terapia y búsqueda del Yo esencial.* Madrid. Siruela.

Kernberg, O. F. (1995). *Relaciones amorosas. Normalidad y patología.* Buenos Aires. Paidós.

Klein, M. (1940). "El duelo y su relación con los estados maniaco-depresivos". *Obras Completas.* Buenos Aires. Hormé-Paidós.

Kristeva, J. (1987). *Historias de amor.* México. Siglo XXI.

Lacan, J. (1984). "Seminario 5, L'Etourdit". *Obras completas.* Buenos Aires. Paidós.

Lapidus, A. (2007). *Los Sentidos Fetales.* Artículo (Intramed) https://www.intramed.net/contenidover.asp?contenidoid=32007&pagina=3

Lagarde, M. (2005). *Los cautiverios de las mujeres. Madresposas, monjas, putas, presas y locas.* México. UNAM.

Langlois, D. y L. (2010). *Psicogenealogía. Cómo transformar la herencia psicológica.* Barcelona. Obelisco.

Levin, A. (2004). *El sostén del ser: contribuciones de D. W. Winnicott y Piera Aulagnier.* Buenos Aires. Paidós.

Lim, R. (2014). *La placenta: el chakra olvidado.* España. Ob Stare.

Lipton, B. (2015). *El efecto Luna de Miel.* Buenos Aires. Grupal.
_____ (2021). *Biología de la creencia.* España. La esfera de los libros.

Loza Niño, M. (2018). *Contra el Transhumanismo*. Bogotá. Litografía Rosmet.

Martí, C., Bach, E. (2007). *El divorcio que nos une*. Barcelona. CEAC.

McDougall, J. (1996). *Las mil y una caras de Eros. La sexualidad humana en busca de soluciones*. Buenos Aires. Paidós.

Medina Aveledo, G. (2018). *El útero, la primera escuela bajo el enfoque integral holónico*. Universidad de Valencia. Tesis doctoral. Venezuela. http://mriuc.bc.uc.edu.ve/bitstream/handle/123456789/7691/gmedina. pdf?sequence=1

Miller, A. (2015). *El drama del niño dotado.*Barcelona. Tusquets.
_____ (2015). *Por tu propio bien. Raíces de la violencia en la educación del niño*. Barcelona. Tusquets.

Miller, J. (1998). *Recorrido de Lacan. Ocho conferencias*. Buenos Aires. Manantial.

Moreira, Y. (2014). *Cultura y sociedad* https://minuto.com.uy/no-ser-madre-por-eleccion/

Moreno, J. (2002). *Ser humano. La inconsistencia, los vínculos, la crianza*. Buenos Aires. Libros del Zorzal.

Nasio, J. (2013). *El Edipo: el concepto crucial del Psicoanálisis*. Buenos Aires. Paidós.
_____ (2013). *¿Por qué repetimos siempre los mismos errores?* Buenos Aires. Paidós.

Northrup, C. (2006). *Madres e hijas*. España. Urano.

Obissier, P. (2014). *Descodificación biológica y destino familiar*. Barcelona. Obelisco.

Odent, M. (2014). *La cientificación del amor*. Buenos Aires. Creavida.

Olza, I. (2006). *La Teoría de la Programación Fetal y el Efecto de la Ansiedad Materna durante el Embarazo en el Neurodesarrollo Infantil*. España. Blázquez.

Paris, D. (2014). *Secretos familiares.* Buenos Aires. Del Nuevo Extremo.

———— (2016). *Mandatos familiares.* Buenos Aires. Del Nuevo Extremo.

———— (2020). *Lecturas que curan.* Barcelona. Del Nuevo Extremo.

Plath, S. (2020). *Tres mujeres.* Nórdica. Madrid.

Pinkola Estés, C. (2008). *Mujeres que corren con los lobos.* Barcelona. Ediciones B.

Porot, M. (2023). *El niño de reemplazo.* Buenos Aires. Fundapsi.

Rank, O. (1992). *El trauma del nacimiento,* Barcelona. Paidós.

Recalcati, M. (2018). *Las manos de la madre: Deseo, fantasmas y herencia de lo materno.* Barcelona. Anagrama.

Reid, G. (2020). *Maternidades en tiempos de des(e)obediencias.* Buenos Aires. Noveduc.

Ricoeur, P. (1999). *Historia y narratividad,* Barcelona, Paidós.

Ricq-Chappuis, G. (2011). *Sanar las heridas familiares.* Barcelona. Obelisco.

Rey, O. (2019). *Engaño y daño del transhumanismo,* Madrid. Ivat.

Rich, A. (2019). *Nacemos de mujer.* España. Traficantes de sueños.

Scala, M. y H. (2008). *Nuestra pareja en psicogenealogía. La trascendencia oculta del encuentro amoroso.* París. Le Souffle d'Or.

Sellam, S. (2010). *Síndrome del yaciente: un sutil hijo de reemplazo.* Francia. Bérangel.

———— (2011). *Principios de psicosomática clínica.* Francia. Bérangel.

———— (2013) *El secreto de los amores difíciles.* Francia. Bérangel.

Schützenberger, A. A. (2006). *¡Ay mis ancestros!* Buenos Aires. Omeba.

Schweblin, S. (2009). *Pájaros en la boca.* Buenos Aires. Emecé.

Soler, C. (2008). *Lo que Lacan dijo de las mujeres.* Buenos Aires. Paidós.

Tisseron, S. (2014). *El misterio de las semillas del bebé.* España. Albin Michel.

Torrijos, F. (2015). *Influencia transgeneracional en el sangrado ginecológico anormal, en la belenofobia y en la infertilidad. Un estudio desde las Constelaciones Integrativas.* Universitat Oberta de Cataluña.

Van Eersel, P. y Maillard, C. (2013). "Fantasmas y ángeles en el país de los antepasados". *Mis antepasados me duelen.* Barcelona. Obelisco.

Verny, T. (1988). *La vida secreta del niño antes de nacer.* España. Urano.
_____ (2003). *El futuro bebé.* España. Urano.
_____ (1992). *El vínculo afectivo con el niño que va a nacer.* España. Urano.

Villar, S. (2017). *Madre hay más que una. Un relato en primera persona sobre la aventura de la maternidad.* Barcelona. Planeta.

Vivas, E. (2019). *Mamá desobediente. Una mirada feminista a la maternidad.* Madrid. Capital Swing.

Winnicott, D. (1945). *Escritos de pediatría y psicoanálisis.* Barcelona. Laia.
_____ (1998). *Los bebés y sus madres.* España. Paidós.
_____ (1958). "La capacidad para estar a solas", *El proceso de maduración en el niño: estudios para una teoría del desarrollo emocional.* Barcelona. Laia.
_____ (1960). "La teoría de la relación paterno filial", *El proceso de maduración en el niño: estudios para una teoría del desarrollo emocional.* Barcelona. Laia.
_____ (1993). *La naturaleza humana.* Buenos Aires. Paidós.
_____ (1972). *Realidad y juego.* Barcelona. Gedisa.
_____ (2006). *Exploraciones psicoanalíticas I.* Buenos Aires. Paidós.

Zammatteo, N. (2015). *El impacto de las emociones en el ADN.* España. Obelisco.